中国吉祥文化一〇〇问

郑军　徐丽慧 著

海峡出版发行集团
THE STRAITS PUBLISHING & DISTRIBUTING GROUP
福建美术出版社

图书在版编目（CIP）数据

美育简本：中国吉祥文化100问 / 郑军，徐丽慧著.
福州：福建美术出版社，2024.8. -- ISBN 978-7-5393-
4597-0

Ⅰ.K203-44

中国国家版本馆 CIP 数据核字第 2024PQ8426 号

美育简本·中国吉祥文化100问

郑军　徐丽慧　著

出 版 人　黄伟岸
责任编辑　侯玉莹　郑　婧
封面设计　侯玉莹　陈　秀
版式设计　李晓鹏　陈　秀

出版发行　福建美术出版社
地　　址　福州市东水路 76 号 16 层
邮　　编　350001
网　　址　http://www.fjmscbs.cn
服务热线　0591-87669853（发行部）　87533718（总编办）
经　　销　福建新华发行（集团）有限责任公司
印　　刷　福建省金盾彩色印刷有限公司
开　　本　889 毫米 ×1194 毫米　1/32
印　　张　7.25
版　　次　2024 年 8 月第 1 版
印　　次　2024 年 8 月第 1 次印刷
书　　号　ISBN 978-7-5393-4597-0
定　　价　48.00 元

若有印装问题，请联系我社发行部

公众号　　艺品汇

天猫店　　拼多多

本书编写组

作　　者：郑　军　　徐丽慧

资料整理：石秀文　　赵　晨　　郑　逸

绘图设色：郑　军　　张　宇　　杨舒涵
　　　　　魏　峰

图片摄影：张国华　　孔　伟　　郑　军

目　录

因何谓之吉？
　　——中国人的吉祥观之问

因何谓之福？
——中国人的幸福观之问

因何谓之禄？
——中国人的利禄观之问

因何谓之寿？
——中国人的长寿观之问

因何谓之喜？
——中国人的喜庆观之问

因何谓之财？
——中国人的财富观之问

因何谓之吉?

——中国人的吉祥观之问

1."吉"字是怎么来的?

图 1-1　甲骨文"吉"字
字形参考王本兴编《甲骨文小字典》，文物出版社出版。

"吉，善也；祥，福也。""吉"字道出了善良和吉利；"祥"字道出了祥和与幸福。"吉祥"二字，则是中华传统文化中富有象征意义的词语，寓意着美好和幸运。

在中国传统文化中，"吉"字包含"福""善""顺""实""无凶兆"等寓意；"祥"字包含"福""善""吉""见吉凶"之意。"吉""祥"本就相近、相通，因此，"吉""祥"二字常被相提并论。

至于"吉""祥"二字的细微差别，见《庄子·人间世》："虚室生白，吉祥止止。"唐代成玄英释曰："吉者，福善之事；祥者，嘉庆之征。"据此，我们可以看到，在古人的观念中，"吉"指事象，"祥"为意象；"吉"指善实，"祥"为嘉征。它们虽有事实与征兆的实、虚之别，但基于共同的价值观和功利观，它们又是相关相连、并存互补的整体。

那么，"吉"字是怎么来的呢？

从"吉"的造型来看，它是个会意字，表示"吉祥如意"，最早见于甲骨文。"吉"的甲骨文上半部分是一个锐利的兵器之形，下半部分是装置兵器的器具，合起来表示把兵器存放着不用，以减少战争，使人民没有灾难。而其上半部分的"𠮷"，又是"𠮷"的简化形式，"𠮷"呈现出上古时代名为"豆"的高脚碗中堆满了祭祖供神的食物的形状，"豆"中盛满食品放在供桌上，这就表示家有吉庆之事。所以"吉"字的本义便是"吉利"。

"吉"与"凶"相对，后引申为善、美等意。吉人，即善良、有才德的人，所以冯梦龙在《醒世恒言》第二十五卷中有这样一句话："吉人自有天相。"意思就是天佑善人，好人会得到上天的帮助。

吉，又为古代五礼（吉、凶、宾、军、嘉）之一，为祭祀神灵之礼。《周礼·大宗伯》："吉礼大祝。三曰吉祝，五曰吉拜。"这更加印证了"吉"字的吉祥之意。

图 1-2 大吉祥饰品
清·银挂饰，南京博物院藏。挂件整体呈柿形，上部有五片树叶，中间为如意形，寓意"事事如意"。树叶上铸有"双凤朝阳""白头富贵""一品清廉""八宝"等吉祥纹样，柿上铸有"瓜瓞绵绵""刘海戏蟾""麒麟送子"等吉祥图案。寓意"仕途通达""福禄双全"。

2. 鸡站在石头上为啥称为"室上大吉"？

鸡是常见的家禽，为十二生肖之一，而头顶大红冠的公鸡在中国文化中常象征"鸿运当头"。人们崇拜鸡，是因为鸡有报时的功能。古代没有钟表，在日出而作日落而息的农耕社会，人们需要黎明早起，有晨鸣习性的雄鸡自然就成了必不可少的"活闹钟"。正因为鸡鸣即天明，古人便赋予鸡另一项功能——辟邪。

另外，因为公鸡吃毒虫，所以民间用它压镇初夏之后逐渐繁衍的"五毒"，如清明节贴"公鸡图"或"鸡王镇宅图"。

鸡站在石头上，有祝福家庭美满、吉祥平安、家事皆吉的"室上大吉"之意。因为"鸡"谐音"吉"，"石"谐

图 2-1　室上大吉吉祥图
"室"与"石"谐音，"鸡"与"吉"谐音，合在一起谓"室上大吉"。

图 2-2　雄鸡图

江苏苏州吴县东山春在楼东侧砖雕、雄鸡羽毛丰满、劲健有神。

音"室"。"室"指的是家宅，《周礼·地官注》："城郭之宅曰室。"《说文解字》："古者前堂后室。"室也含有"家庭"的意思，《诗经·周南·桃夭》："之子于归，宜其室家。"

　　清代周亮工在《书影》中说："正月一日，贴画鸡。今都门剪以插首，中州画以悬堂，中州贵人尤好画大鸡于石，元日张之。盖北地类呼吉为鸡，俗云室上大吉也，可发一粲。"说的是正月一日贴鸡的图画。时下，在都门，人们剪出鸡的图样插在头上；在中州，则是画出鸡挂在堂上。中州贵人们喜欢画大鸡立于石上的图，在元日贴起来。北地各处因鸡与吉发音相似，故俗称"室上大吉"，颇为好笑。

3. "岁寒三友"与"四君子"各代表什么品格?

我国古人常将客观事物看作朋友。唐代元结在《丐论》中写道:"古人乡无君子,则与云山为友;里无君子,则与松柏为友;座无君子,则与琴酒为友。"这句话说的是一个人遇不到人中君子就不可滥交,不如欣赏山水、倚伴松柏、品味琴酒,享受与这些高雅之物的神交之趣。

图 3-1　岁寒三友吉祥图

"岁寒三友"指的是梅花、松树和竹子。梅花寒冬盛放,卓尔不群;松树身姿挺拔且四季常青,坚韧不屈、青春永驻;竹子笔直有节,孤傲而有节操。寒冬万物凋零时,这三种植物却能经冬不衰,愈见生命力的旺盛,所以古代的文人雅士都爱自称为它们的同道好友,以此自明清高之志。

梅、松、竹常被用于文人画中,象征君子的高风亮节。从美学的角度来看,它们一个傲,一个韧,一个坚,各有风骨。其高风亮节可作诗,千姿百态能入画,是中国传统文化中高尚人格的化身。

图 3-2　岁寒三友纹
明·釉里红梅瓶,南京博物院藏。

"岁寒三友"除了在文人画中有不俗的表现,在民间也很受欢迎,常作为吉祥图案出现在建筑、器物、服饰中。作为吉祥图,它具有坚忍、顽强、忠贞和长寿的象征意义。

图 3-3 岁寒三友图
清·缂丝。

图 3-4 四君子
江苏扬州盐宗庙门头砖雕梅、兰、竹、菊"四君子"，自然舒展，各领风骚。

"四君子"为中国画中梅、兰、竹、菊四种花卉题材的总称。这种称呼出自明代书商黄凤池所辑《梅兰竹菊四谱》，画家陈继儒在书的"小引"中称梅、兰、竹、菊为"四君"，赞美其幽芬逸致能"涤人之秽肠""澄莹其神谷"。

兰花被认为是花中君子，孔子在《孔子家语·在厄第二十》中说："芝兰生于深林，不以无人而不芳，君子修道立德，不为穷困而败节。"菊花最初在文人心目中是一种雅洁的香花，在东晋诗人陶渊明的"采菊东篱下，悠然见南山"诗句中，菊花又被渲染上了旷达、闲适的色彩。人们一听到"采菊"二字，便自然地联想起清新明朗的田园风光和悠然自得的农夫生活。

"四君子"题材的吉祥图一般以梅、兰、竹、菊各自单独的画面合并而成，常用于装饰成套的器物。也有四种植物同时出现的画作，适合摆放在室内案头供人欣赏玩味，是十分典型的文人清供。

4. "六畜兴旺"指的是哪六畜?

"六畜兴旺"中的"六畜"指的是马、牛、羊、猪、狗、鸡这六种家养的牲畜。它们在古代就被人们饲养,经过漫长的岁月,逐渐成为家畜,并在不同文化中有着不同的象征意义。

早在成书于宋代的《三字经》中便有"马牛羊,鸡犬豕。此六畜,人所饲"的短句,可谓妇孺皆知。马能负重致远,牛能耕田,羊能供备祭器,鸡能司晨报晓,犬能守夜防患,猪能宴飨侍宾。这是古人根据自身生活的需要和对动物的认知程度而选择的"六畜"。

在中国人的传统观念中,"六畜兴旺"代表着家族人丁兴旺、吉祥美好。人们认为马擅长奔跑,因此常用马运输货物,后来随着战争的频繁发生,它成了战争中主要的坐骑之一。牛是最早被人类驯养的六畜之一,是勤劳善良的象征,是人们从事

图 4-1 猪形尊
商·青铜尊,湖南省博物馆藏。此尊以野公猪的形象为整体造型,在现有的商代青铜器中仅此一件。

农业工作的得力助手，耕田犁地都离不了它。古时，"吉祥"多写作"吉羊"，羊因此成了吉祥的象征。猪自古就是吉祥的象征，人们认为养猪可以增加家庭财富。狗也是人类最早驯化的家畜之一，它能帮着人们狩猎，还是看家护院的好手。鸡也是吉祥的象征，在农村，养鸡是一项非常重要的农业生产活动，在许多神话传说中，鸡是长寿、和平的象征，与鸡相关的图案往往意味着财富或幸福的婚姻。

古人将六畜划分为"三品"：马牛羊为上三品，鸡狗猪为下三品。三品的划分依据是"能否代替人力劳动"。过去人们耕种、交通的主要劳动力来源是马和牛。而羊不能代替人力，为什么会被划归为上三品呢？其实，性格温顺的羊，在古代象征着吉祥如意，人们在祭祀祖先的时候，羊是第一祭品，会受到人们的叩拜。另外，羊有"跪乳之恩"，尊其为上品，便是顺理成章的事了。

中国吉祥文化中的"六畜"，是最有代表性的六种动物，自古便受到人们的高度重视。它们与人们的日常生活密切相关，是中国传统文化不可或缺的一部分。

图 4-2 牛虎案
西汉·青铜器，云南省博物馆藏。此件铜案是滇国贵族盛放祭品的礼器，出土于云南江川李家山。

5. "五谷丰登"中的"五谷"指哪些谷物?

"五谷丰登"的意思是五谷丰收、食物充足,人民幸福安康。在中国文化中,五谷丰登代表着一种美好的愿望,它象征着国家繁荣、富饶和人民丰衣足食的美好愿景。"五谷"原指五种农作物,而"登"则指这些农作物在收获时都取得丰硕的成果。

"五谷"一词,一般认为最早见于《论语·微子》中的"四体不勤,五谷不分"(做人不勤快,连五种粮食作物也分不清楚)。在中国神话传说中,"五谷"是由神农氏发现和辨识的,所谓神农"尝百草、辨五谷",反映了远古时代,我们的祖先将各类野生谷物通过留种选育获得粮食作物的漫长而艰辛的过程。

图 5-1　岁岁平安吉祥图
"穗"与"岁"同音,九只谷穗喻"岁岁",谷穗为五谷的代表,比喻丰收。

那么,"五谷"指的是哪五种农作物呢?

"谷"原来指有壳的粮食,稻、稷(即谷子)、黍(亦称黄米)等外面都有一层壳,所以叫作谷。"五谷"在古代有多种不同说法,最主要的有两种:一种是稻、黍、稷、麦、菽;一种是麻、黍、稷、麦、菽。两者的区别是:前者有稻无麻,后者有麻无稻。古代的经济文化中心在黄河流域,稻的主要产地在南方,而北方种稻有限,所以"五谷"中最初无稻。

稻，一年生草本植物，籽实称稻谷，去壳后称大米，有水稻、旱稻之分；黍，一年生草本植物，籽实叫黍子，碾成米叫黄米，性黏，可酿酒；稷，别名粢米、穄米、糜子米，脱壳后即成高粱米，主要用于酿酒；麦，一年生或二年生草本植物，有小麦、大麦、燕麦等多种，籽实供磨面食用，也可用来制糖或酿酒；豆（菽），双子叶植物的一科，木本、草本植物都有，豆类植物的种子有大豆、蚕豆、绿豆、刀豆等，全国各地都有栽培，以东北最为声名远播。

或许有人会问，麻是粮食作物吗？麻指麻籽，古称为苴，是古人重要的粮食。《诗经·豳风·七月》中有"九月叔苴……食我农夫"之说。麻类植物皮韧，人们还将它作为纤维作物种植，是重要的衣着原料。

如今，"五谷"已成为各种主要食粮的泛指，一般统称为粮食作物，或者称为"五谷杂粮"，包括谷类（如水稻、小麦、玉米等），豆类（如大豆、蚕豆、豌豆、红豆等），薯类（如红薯、马铃薯）以及其他杂粮。

图 5-2　岁岁富贵
清·刺绣。古人用麦穗、牡丹图案寓意岁岁富贵，寄托了对五谷丰登的美好期望。

6. 传说中的"四爱图"你知道几个?

"四爱图",只听名字,可能许多人以为它与爱情有关,但其实它是由四幅不同内容的画合成的一组吉祥图,最常见的是"王羲之爱兰爱鹅""陶渊明爱菊""周敦颐爱莲""林和靖爱梅鹤",后来又有"米芾爱石""苏东坡爱砚台"等。传统的"四爱图"基本上是由以上几个题材取其四个组成,如今又新增了"孟浩然爱梅""李白爱酒""杜甫爱诗"等题材。因此"四爱图"表现的并非男女之情爱,而是古代高士对物的热爱,是文人雅士的生活风情。

王羲之是东晋书法大家,爱兰之说可能源于他最著名的行书作品《兰亭集序》。虽然《兰亭集序》中并未直接提到兰花,但是兰亭却因兰而得名。而"羲之爱鹅"则有一个为世人所称羡的传说,据说王羲之是在观察鹅用红蹼拨清波的动作时,领悟到了书法的运笔之妙。

同为东晋名士的陶渊明以爱菊闻名。他于百花之中偏爱菊,因此在诗文中多次提及。陶渊明嗜酒,常以菊花浸酒饮之。他在《饮酒》一诗中写道:"秋菊有佳色,裛露掇其英。泛此无忧物,远我遗世情。"

北宋理学家和教育家周敦颐非常喜欢莲花,这一点可以在他的《爱莲说》中得到证明。其中的名句"出淤泥而不染",成了如

图 6-1 羲之爱鹅
明·青花瓷器(残片)。

今人们赞美莲花时最常用的句子。

林和靖即林逋，"和靖"一名得自宋仁宗赐给他的谥号"和靖先生"。林和靖爱梅，他最为人们所称道的诗句是《山园小梅之一》中的"疏影横斜水清浅，暗香浮动月黄昏"，被誉为咏梅诗之绝唱。他还爱鹤，在他的诗句中常常可以见到鹤的踪迹。他终生未婚，梅和鹤是他生活中两个重要的成员。从沈括《梦溪笔谈·人事二》中可见，世人称他"以梅为妻，以鹤为子"。在他的墓旁有一个鹤冢，埋葬着他所养的鹤，这里被称为"梅林归鹤"，是杭州西湖的一处名胜。

图 6-2　渊明爱菊
明·青花瓷器（残片）。

图 6-3　敦颐爱莲
明·青花瓷器（残片）。

图 6-4　米芾爱石
明·青花瓷器（残片）。

图 6-5　东坡爱砚
明·青花瓷器（残片）。

7. 许多儿童在一起戏玩的画面都叫"百子图"吗?

"百子图"是以数量众多的小孩为主要表现对象的吉祥图的总称。只要内容是许多孩童在一起嬉戏玩耍的画,都可以称为"百子图"。虽名为"百子",但实际上并不一定有一百个小孩,而是以"百"为"多"的意思,寓意"多子"。

"百子图"属于"婴戏图"的一种。最令人叹为观止的百子图,属明代定陵出土的刺绣云龙"百子图"女夹衣,是孝靖皇后的陪葬品。这百子图中的孩子们个个胖健可爱、天真烂漫,分别干着自己喜欢的事,图中情景有博戏、争夺、猜拳、捻陀螺、观鱼、玩鸟、摔跤、逗蟾、放风筝、捉蝈蝈、吹喇叭、摸虾、蹴鞠、踢毽子、放爆竹、摘桃、弄伞、舞蹈等,反映了明代民间儿童的游乐习俗,是当时实际生活的写照,生活气息非常浓厚。

"百子闹龙灯"是明清时期瓷器中较为流行的图案,如清同治时期的"百子婴戏图"粉彩罐,圆口,深圆腹,罐身满饰百子婴戏图,有跑旱船的,有耍龙灯的,人物众多,场面热闹。婴孩头部浑圆,头发多在顶心,这是同治民窑婴戏图的特征。

"瑶台百子图"缂丝,是清代缂丝精

图 7-1　百子图刺绣图案
明代定陵"百子图"女夹衣(线稿描摹图)。

右 / 图 7-2　瑶台百子图
清·缂丝,南京博物院藏。

品。画面上端表现仙境，群仙集于瑶台，云松寿石穿插其间；下端为凡间，百子嬉戏于园林。上端背景为大红色，下端为月色，色调复杂绚丽，对比强烈，缂工精细，人物神态各异，栩栩如生。

苏州桃花坞年画有一种"百子全图"，名为"百子"，事实上只画了35个孩子。山东潍坊杨家埠年画中的百子图，只有24个小孩，但是看上去好像有着熙熙攘攘的一大群孩子。

百子图之"百子"，典出《诗经·大雅·思齐》："大姒嗣徽音，则百斯男。"意思是周文王的正妃大姒（也作"太姒"）为延续周王室的血统，生了许多儿子，这里的"百"泛指数量众多。事实上，据《史记》记载，太姒所生的儿

图 7-3　百子婴戏图
清·粉彩罐，故宫博物院藏。

图 7-4 百子放风筝图
清·红缎绣垫料(局部)、
故宫博物院藏。

图 7-5 百子渔樵耕读图
清·红缎绣五彩垫料(局
部)、故宫博物院藏。

子，包括周武王在内一共十个，远非百子，但民间仍然流传着"文王百子"的说法。在中国古人的观念中，儿子越多越好，子孙满堂被认为是家族兴旺的最主要表现。"文王百子"被认为是祥瑞之兆，所以自古至今，"百子图"都非常流行。

图 7-6　百子图
清·上海木版年画。

8. 麒麟是如何衍生出送子功能的？

麒麟被誉为"四灵"之首，被认为是有德行的仁兽，历代帝王都把它看作太平盛世的象征。东汉许慎在《说文解字》中说："麒，仁兽也。麋身，牛尾，一角。麟，大牝鹿也。"麒麟有如下形象特征：一是麋身，麋即麋鹿，比鹿大，俗称"四不像"；二是牛尾；三是仅一角。

中国传统吉祥图中，有一题材是"麒麟送子"。画面表现为童子骑麒麟，手持莲花和莲藕，麒麟昂首翘角，脚踩祥云。"麒麟送子图"用麒麟象征有出息的子孙，表达了人们对早生贵子、家道繁荣的期望。

那么，麒麟是如何衍生出送子功能的？

晋代王嘉《拾遗记》："周灵王立二十一年，孔子生于鲁襄公之世。夜有二苍龙自天而下……有麟吐玉书于阙里人家，文云：'水精之子，孙衰周而素王。'故二龙绕室，五星降庭，徵在贤明，知为神异。乃以绣绂系麟角，信宿而麟去。"民间传说，孔子出生前，有麒麟口吐玉书于孔家所住的街巷，玉书上写着"水精之子，系衰周而素王"，预示着即将在此地出生的孩子身份非凡。

此后，人们从这个传说故事中衍生出了麒麟助生育的功能，将故事中的孔子视

图 8-1 麒麟
清·东陵孝陵神道石像。

图 8-2 麒麟
明·霁蓝釉堆白象耳炉、天津博物馆藏。这件瓷炉一面为麒麟，另一面绘狮子，配以两只象耳，既夺人眼球，又吉利讨喜。

图 8-3 麟吐玉书木雕
四川自贡市富顺文庙槅扇门裙板木
雕，麒麟作吐书状，举足回首，一
副神奇之态。

图 8-4 麒麟送子年画
童子俯于麒麟头上，一手擎宝盒，盒中起祥云，
祥云上有"桂阁产麒麟"字样。

为麒麟送来的孩子，希望沾取他的仙气。因此，男孩的美称就是
"麟儿"。

　　在明代的《孔子圣迹图》中，此传说还被刻于石上，作为文运昌
盛、天下太平的象征。"麒麟送子"和"麟吐玉书"图案常被用于年
画，贴在新婚夫妇的房门上，寓意早生贵子。许多家宅门前的抱鼓石
上也会雕刻这类图案。其中，"麟吐玉书"图案旧时常常被用于装饰
文庙和学校等建筑，意为祥瑞降临、圣贤诞生。

9. "榴开百子"的含义是多子多福吗?

石榴原产地在伊朗、阿富汗一带。据史料记载,这种水果是用张骞出使西域时从"涂林安国"带回的种子种植而成。早期人们欣赏石榴,主要是因为它的美味口感和漂亮外观,那时的它还不是"多子"的象征。

西晋文学家潘岳在《安石榴赋》中描述道:"披绿叶于修条,缀朱华兮弱干。岂金翠之足珍,实兹葩之可玩。商秋授气,收华敛实。千房同蒂,十子如一。"生动描写了石榴的美丽与独特之处。

图 9-1 榴开百子 山东烟台面塑。

那么，"榴开百子"的说法是怎么来的呢？"榴开百子"典出《北史》卷五十六《魏收传》："安德王延宗纳赵郡李祖收女为妃，后帝幸李宅宴，而妃母宋氏荐二石榴于帝前。问诸人，莫知其意，帝投之。收曰：'石榴房中多子，王新婚。妃母欲子孙众多。'帝大喜，诏收：'卿还将来。'仍赐收美锦两匹。"北齐安德王高延宗娶了赵郡李祖收之女为妃，他的二叔文宣帝高洋亲自到李家访亲，酒席上李妃之母宋氏献上两个大石榴。文宣帝不解其意，问左右也无人知晓，便将石榴搁在一边，场面有些尴尬。这时，中书令魏收向文宣帝说道："石榴果实里有很多籽粒，王妃的母亲是在祝福新婚夫妇子孙多多。"文宣帝听后大喜，赐予魏收两匹华美的锦缎。锦缎的花纹以石榴图案组成，直接的寓意就是"多子"，俗称"榴开百子"。

图9-2　榴开百子吉祥图
一对童子怀抱石榴、手拿仙桃、寓意子孙昌盛、代代相传。

"榴开百子"图通常有两种表现形式：一种是切开石榴露出里面丰实的籽粒；一种是石榴旁有儿童嬉戏。两种都寓意"多子多福"。

10. "瓜瓞绵绵"有何寓意?

　　关于"瓜",有一个凄凉的故事。唐代女皇武则天与唐高宗李治的四位儿子中,李弘被立为太子,却不幸早逝。对于李弘之死,人们有很多种猜测,其中一种猜测是,李弘为武则天所毒杀。次子李贤也认为如此,他深感母亲严厉,继任太子后,担心自己也会遭遇不测,于是写下了《黄台瓜辞》:"种瓜黄台下,瓜熟子离离。一摘使瓜好,再摘使瓜稀,三摘尚自可,摘绝抱蔓归。"诗中用"瓜"比喻子孙,暗示骨肉相残的悲剧,带着几分凄凉与无奈。

图 10-1　瓜瓞绵绵纹
山西刺绣童背心。

图 10-2　瓜瓞绵绵纹
山西打籽绣褡裢荷包(局部)。

图 10-3　瓜瓞绵绵吉祥图
在民间，瓜与蝴蝶都是人们喜爱的东西，常被喻为子孙繁衍不绝的象征。

　　"瓜瓞绵绵"也称"绵绵瓜瓞"，描述了一根连绵不断的藤上结了许多大大小小的瓜的画面，它常被用作表达子孙昌盛、家族兴旺的美好祝愿。该成语出自《诗经·大雅·绵》。"瓞"即小瓜，"绵绵"的意思是生长不绝，"瓜瓞绵绵"指瓜蔓绵延不绝，果实累累。传统的"瓜瓞绵绵"图案主要分为两类：一类是描绘瓜连藤蔓枝叶的自然形态；另一类则在此基础上加入了蝴蝶元素，取"蝶"与"瓞"的谐音。这些图案通常被用于装饰手工艺品，表达了人们祝愿子孙昌盛、兴旺发达的吉祥寓意。

11. 为何会出现"早生贵子""连生贵子"的吉祥图?

红枣在中国传统文化中具有吉祥寓意,常被用来表达幸福、美满等吉祥的祝愿,这主要归功于其"早"的谐音。红枣的红色象征着红红火火、吉祥如意,也代表着早立子、早富贵。红枣还是一种营养丰富的食品,适当食用红枣被认为可以带来健康和吉祥。在喜庆场合中,红枣常搭配其他食物以表达不同的吉祥寓意,如红枣搭配花生,寓意着"早生贵子"。

图 11-1　早生贵子吉祥图

"早生贵子"图由红枣、花生、桂圆、瓜子(莲子或栗子)组成,图名取这些物品的谐音而成,意思就是早日生出孩子。在新婚祝福中,除了白头偕老之外,"早生贵子"便是最常见的祝福语之一。这个典故来源于唐末孙光宪的《北梦琐言》,其中描述了一个关于黑枣树和赵莹家族的故事。传说赵家庭院里有一棵黑枣树,树冠长得非常大,离他家很远就能望见。有个善于望气(古代方士的一种占候术,观察运气以预测吉凶)的人看到这棵树,便向赵家邻居打听:"这家里有人是做宰相的吗?"邻居说:"没有,不过这家的先人小名叫相之儿,莫非你说的是他?"望气者说道:"此地王气很重,必然有人要出将入相,即便不应在自身,也

图 11-2　连生贵子吉祥图

图 11-3 连生贵子纹
山西刺绣云肩（局部）。

图 11-4 连生贵子纹
民间刺绣方形荷包。

会应在儿孙身上。"后来，这家的赵莹果然从太原判官一路高升，最后做到了宰相，应验了望气者的话。民间认为是这棵生机勃勃的枣树预示了赵莹家族未来的显赫，因此"枣生贵子"之说便流传开来，并渐渐演变成了"早生贵子"的吉祥文化。

而"连生贵子"图一般有两种。一种是由莲花、桂花图案组成；一种是由莲花、芦笙（一种传统簧管乐器）和儿童图案组成。在中国远古农耕社会中，莲花就作为一种宗族图腾，象征着繁衍生息和祥瑞。莲藕虽然在淤泥中成长，但与莲梗相通，象征着夫妻不畏生活中的艰辛而情意相通、共同成长。"莲"和"连"同音，"笙"和"生"同音，"桂"和"贵"同音。这些谐音使得莲花、芦笙、桂花和童子组成了"连生贵子"吉祥图案。此外，还有许多与莲花相关的吉祥图案，如连年有余、巧莲合藕、童子爱莲和莲花一茎等，都寄托了人们对幸福生活的美好期盼。

12. "兰桂齐芳"的吉祥寓意是什么？

兰花以其高雅的芬芳，一直被誉为"君子之花"。人们期望自己的子女能够成为具有君子风范的人物，因此用兰花来比喻子孙，无疑是一种极高的赞誉和期许。历史上第一个将自己比作兰花的少年，大概是东晋名臣谢安的侄子谢玄。《晋书》记载，谢玄从小就非常聪明。有一天，谢安跟子侄们谈话，问他们："子弟亦何豫人事，而正欲使其佳？"在场的人都回答不上，只有年幼的谢玄巧妙地答道："譬如芝兰玉树，欲使其生于庭阶尔。"此言一出，谢安大为欢喜，从此称谢玄为"谢家宝

图 12-1　兰桂齐芳古祥图

图 12-2　兰花木雕
安徽歙县北村镇吴氏宗祠槁扇门绦环板木雕。

树"。谢玄的回答其实是代表兄弟们向叔父承诺："我们会像芝兰玉树那样，安静地生长在台阶下面（只为博取君主的欣赏，绝不觊觎权势）。"

由于"兰"字寓意美好，许多包含"兰"字的词语也都寓意深远，如"兰客"指的是人品高尚的好友。唐代浩虚舟在《陶母截发赋》中就有"原夫兰客方来，蕙心斯至"之句，用以形容佳友来访，心怀喜悦。而"蕙质兰心"则用来形容女子心地善良、品行高雅，如宋代柳永在《离别难·花谢水流倏忽》中写道："有天然，蕙质兰心。美韶容，何啻值千金。"

桂花是我国传统的吉祥花卉，又名木樨、木犀、金粟等。早在战国时期屈原的《离骚》中就提到了桂花，可见它在我国的种植历史相当悠久。西汉时期，汉武帝初建上林苑时，群臣献上了各种名贵花木，其中就包括十棵桂花树。后来，上林苑中又修建了专门种植南方树木的扶荔宫，所植桂花树多达一百棵。由于"桂"与"贵"谐音，又有五代窦燕山的五个儿子均登科及第，蟾宫折桂，被人称为"五桂"之典故，所以桂花被赋予了"成为贵人"的美好寓意。

草木花卉散发的天然香气常常被用作比喻人的才华。而兰花和桂花都是以香气著称的花卉，尤其是桂花的香气可谓无花能及。因此，"兰桂齐芳"的吉祥寓意不仅是对家门昌隆、子孙富贵的颂扬与祝福，也是对家族中人才辈出、子孙才华横溢的期望与祝福。

13. "聪明伶俐"是称颂儿童的吉语吗?

"聪明伶俐"源自《水浒传》中对乐和的描述:"原来这乐和是一个聪明伶俐的人:诸般乐品学着便会;作事道头知尾;说起枪棒武艺,如糖似蜜价爱。"从这段描述可以看出,"聪明伶俐"并不是指拥有大智慧或卓越才能的人,而是形容一个人机敏可爱、富有生活情趣、善解人意。最初,这个词语并不区分大人和小孩。明代冯梦龙在《醒世恒言·卖油郎独占花魁》中也使用了"聪明伶俐"一词:"你是聪明伶俐的人,也须识些轻重。"这句话表明了对方有着头脑机敏、乖巧的特点,同时也提醒他应该明白事情的轻重缓急。

在中国传统文化中,对成年人的最高要求是能"修身齐家治国平天下",而"聪明伶俐"达不到这样的高度,随着时间的推移,它逐渐成了专门赞美儿童的词汇,适用于描述幼儿和活泼机敏的少男少女。

"聪明伶俐"吉祥图由大葱、菱角、荔枝和莲藕四物组成。这四样物品本身都是常见之物,葱读音与"聪明"相呼应,而"菱荔"的谐音则是"伶俐",它们因此被赋予了祝福儿童聪明伶俐的寓意。

图 13　聪明伶俐吉祥图

14. "剑狮图"中的剑锋指向代表什么含义?

"剑狮图"是由狮头口衔宝剑构成的图案,又名"狮咬剑"。对于东南沿海地区的民众来说,这种图案并不陌生。

关于剑狮图的由来,有着几种广为流传的说法。一种说法是为了吓退歹人。据史料记载和民间传说,台南安平作为清代水师的驻扎之地,军人返家时习惯将刀与带有狮头纹饰的盾挂在门口的衣架上。这使得心怀歹意的人一看到插着刀剑的盾牌,便知道这户人家有军人,从而不敢闯入。周围的百姓因此纷纷效仿这一做法,逐渐形成了挂剑狮图的风俗。还有一种说法是为了纪念郑成功。郑成功入台打败荷兰人后,郑氏家族及其军队迁回了福建。台湾百姓为了纪念他们,仿照他们的盾牌制作了狮咬剑的图形,挂在自家门上。

图 14-1 剑狮图木版彩印。

图 14-2 狮咬剑石雕

　　狮子被称为百兽之王，其图案具有驱魔避邪的含义。而剑狮图的狮头之上通常会描绘一个醒目的"王"字，或者绘制太极八卦图来增强其神秘感。而狮口中有一把剑，剑上画有七颗星，这些星星以曲线相连，代表着道教的七星宝剑。剑狮图剑锋所指的方向不同，代表的含义也不同。剑锋指向左边代表祈福，指向右边代表辟邪。而双剑交叉则被认为具有镇煞的作用。更有一些剑狮图会在左右两边各画上一只蝙蝠，寓意"福气双临"。

　　随着闽台先民的往来交流，剑狮文化得以传播并深深融入了两地民众的生活习俗之中。然而，随着时代的变迁，如今在闽南地区保存完好的古代带有剑狮图的实物已为数不多。幸运的是，在安平地区的部分中兴街、安北路一带的巷弄中，我们仍能寻找到与剑狮图相关的历史痕迹。

　　如今，剑狮图的形象已被广泛运用于文化创意产业中，各种精致的剑狮工艺品深受人们的喜爱。

15. 端午节为什么会流行"五毒符"？

"五毒"是指五种被人们认为具有毒性的动物，但不同时代、不同地区人们所说的"五毒"存在差异。其中，常见的三种说法分别是：蝎子、蜈蚣、蛤蟆、蛇和壁虎；蝎子、蜈蚣、蛤蟆、蛇和蜘蛛；老虎、蝎子、蛤蟆、蜈蚣和蛇。

图 15-1　五毒螃蟹挂件
甘肃庆阳香包挂饰。

图 15-2　五毒挂片
陕西凤翔泥塑。

图 15-3　五毒青蛙枕
陕西千阳布玩具。

现有资料显示，"五毒"出现的时间最早可以追溯到唐代。《玉烛宝典》记载，唐代的洛阳地区已有端午节互赠画有蜘蛛、蛇、蝎子等五种毒物的"辟瘟扇"之习俗。而在《酉阳杂俎》中，也描述了唐代的一种挂"五时图"的习俗，该图绘制了蛇、蝎、蜈蚣、蟾蜍和蜥蜴五种毒物。据说这五种毒物必须同时存在，才能和平共处，不会攻击彼此，因此民间认为挂五时图可以防止毒虫作祟。

五月，被古人视为"恶月"，因为气温升高，毒虫活跃，频繁出没。为了抵御邪气和毒虫的侵扰，古人便使用绘有五种毒物图案的符咒作为巫术符咒，希望以毒攻毒。这种符咒便是"五毒符"。在五月前后的谷雨或端午节，人们会进行一些特殊的风俗活动，如佩戴五毒符或将五毒符画在糕饼上做成五毒饼食用。此外，人们还会将五毒图案印在红纸上剪出来贴在墙头、门口、床边等，也会将五毒图案缀成饰品，挂在小孩手臂上以保平安。

除了使用五毒符，古人还有将五毒图当成箭靶"射五毒"的习俗。然而，随着射箭技艺在日常生活中逐渐消失，这种习俗也早已消失。不过，民间仍然流行用针扎纸上的五毒，一针扎一个，表示将毒物全部消灭。

16. 龙为何被称为吉祥神物？

龙是我国古代传说中的一种神兽，其形象融合了许多动物的特点：鹿的角、牛的头、蟒的身、鱼的鳞、鹰的爪。它既能巨大无比，又能细微至极；既能深藏不露，又能光明耀眼；既能兴云作雨，又能镇妖伏魔。这种神秘又充满力量的生物，成了英勇、权力和尊贵的象征。

图 16-1　龙纹
清·石青缎绣五彩圆补子，乾隆皇帝补服上的图像。

龙有很多种，从种类上分，包括有鳞的蛟龙、有翼的应龙、有角的虬龙、无角的螭龙等；从造型上分，有似在行走的行龙，云气绕身、露头藏尾的云龙，蟠成圆形的团龙，头朝上尾朝下的升龙，尾朝上头朝下的降龙等。

自古代以来，龙就被人们赋予了诸多美好的寓意。它被认为是智慧的化身，能凭借呼风唤雨的能力调控天气，使五谷丰登。同时，它也被视为勇敢的象征，因为它能在危险的环境中保护人们。

最初，人们将龙作为保护民族的标志，部落首领也自称是龙的后裔，民间流传着诸多关于龙的神奇传说。后来，古代帝王利用龙神信仰和龙图案强化专制统治。他们以龙图作为权力的标志，显示其威严；编造帝王与龙有血缘关系的故事，神化其权力；告知百姓自己在梦中变龙或骑龙升天，表明自己是天命所归；虚构"龙现"

图 16-2　二龙戏珠
北京北海西天梵境前御路上的石刻。

作为祥瑞之兆，表明在自己的治理下国泰民安……
此外，龙还象征着富贵与吉祥，被尊为镇邪驱煞的
神物，其形象广泛运用于建筑、雕塑和绘画等艺术
形式中，寄托着人们对好运和财富的期望，以及对
神灵庇佑和安宁生活的期盼。因此，龙被称为吉祥
神物，成为中华传统文化的瑰宝，其相关文化得
以延续数千年而不衰。

图 16-3 云龙纹
明·青花扁瓶。

17. 为什么我们常在名胜古迹见到形似龟的神兽驮着碑文?

人们在游览名胜古迹时，常常会看见肩负着沉重的碑文形似龟的巨兽石雕。但仔细观察，你会发现这些石雕与龟有所不同。它们有一排牙齿，而真正的龟并没有。此外，这些石雕背上的甲片数目和形状也与龟存在差异。其实，这些石雕的原型并不是龟，而是龙的第六子——赑屃，也被称为霸下。

在中国传统文化中，龙生九子，各有特色。老大囚牛是乐琴神，常常被描绘在琴头，是音乐与艺术的守护者；老二睚眦为刀剑神，其形象常被用作刀剑的装饰，展现出勇猛与力量；老三嘲风为保护神，高居宫殿顶角，带来吉祥与平安；老四蒲牢是报喜神，每当洪钟响起，都预示着喜庆与好运的降临；老五狻猊是吐雾神，常伴随在香炉之旁，为神圣之地增添庄严气氛；老六赑屃象征长寿，常见于石碑之下，承载着历史的重量；老七狴犴是正义的化身，守卫着牢狱之门，维护着世间的公平与正义；老八负屃是文艺的代表，常常伴随在石碑两旁，与名家的诗文相得益彰；老九螭吻为纳福之神，守护着家园的安宁，为人们带来幸福与吉祥。

在古代传说中，赑屃力大无穷，能驮负三山五岳，兴风作浪于江河湖海之中。大禹治水时收服了它，使其成为治水的得力助手。治水成功后，为了防止赑屃再次作乱，大禹便命它驮着沉重的石碑，使其无法随意行动。

　　名胜古迹中驮着碑文的赑屃总是四脚撑地，吃力地向前昂着头。它经久不衰，千秋永存，因此是长寿和吉祥的象征。

图 17　霸下
清代乾隆年间建造清漪园（今颐和园前身）时，在耶律楚材墓原址恢复祠墓立的石碑。

18. 人们为何会借虎来镇祟辟邪？

在中国古代，人们敬虎为神，将其列为四方神之一。《周易·乾》写道："云从龙，风从虎。圣人出而万物睹。"这句话展现了虎与龙并驾齐驱的地位，表明了它们具有令人敬畏的力量。白虎是人们心中的瑞兽，常常被描绘为吉祥、平安和力量的象征。《淮南子·天文训》："西方金也……其神为太白，其兽白虎。"《瑞应图》也记载："白虎者，仁而善，王者不暴则见。"

《说文解字》："虎，山兽之君。"虎勇猛和独立的形象深深地根植于中华文

图 18-1 布老虎
山西黎城布玩具。

图 18-2 虎头泥塑挂片
挂片通常挂在农家的堂屋正中，有镇宅祛邪、消灾保平安的寓意。

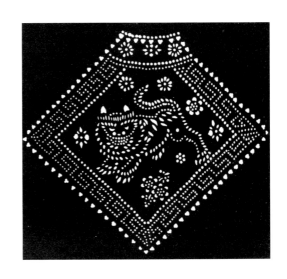

图 18-3　艾虎镇五毒蓝印花
布兜肚图案

化之中。东北地区的百姓尊称虎为"山神
爷"，意味着虎是守护山林的至高无上的
神灵。在进行山林活动时，人们都希望得
到这位山神爷的庇佑和允许，让活动进展
顺利，获得成功。

　　端午节是中国的传统节日，在这一
天，人们有佩戴"艾虎"辟邪禳灾的习
俗。艾虎是由艾叶和彩绸制成的，男人和
孩子们将其佩戴在胸前或挂在腰间，女子
则通常将它佩戴于发际。有些地方用黄布
绣上虎头、五毒，做兜肚、鞋子给儿童穿
戴，借"艾虎镇五毒"之寓意以辟邪。北
方各地还喜欢在端午节时在手腕上扎五色
线、在额头上用雄黄酒写"王"字……这
些习俗都与虎有关，旨在借虎的形象驱邪
避害。

19. 不同数字有着什么样的吉祥含义？

所谓"道生一，一生二，二生三，三生万物"，在中国，数字不仅仅是用来计数的，它还承载着丰富的吉祥寓意。除了人们常说的三、六、九等，其他从一到万的数字也都有吉祥含义。

"一"代表着全、满、初、同、专、总等概念。《说文解字》："惟初太始，道立于一，造分天地，化成万物。"人们常以一路平安、一帆风顺祝福人生顺利；以一片冰心、一琴一鹤比喻人之清廉；以一心同功、一德一心比喻同心等。

"二"常被用来表示成对、并列等，也表示次、副、倍等。在民间，"二"的吉祥意义是双喜、成双成对、二龙戏珠、并蒂莲、喜相逢等，体现了人们对幸福和美好的期盼。

"三"通常代表多。中国民间俗语"事不过三"，提醒人们做事要注意限度。吉祥图案中，"三多"指多子、多福和多寿，是祝颂之词；"三友"指松、竹、梅，有耐寒高洁之意；三阳开泰、三元及第等也是称颂之语。

与"四"相关的吉祥文化有很多。例如，"四神"即青龙、白虎、朱雀、玄武，代表天之四灵，用以正四方；"四器"即圭、璋、璧、琮四种常被作为聘礼使用的玉器；"四艺"即琴、棋、书、画；"四君子"通常指梅、兰、竹、菊；等等。

"五"通常代表东、西、南、北、中五个方位。以"五"组成的名词有五福、五行、五岳、五音、五色、五木、五常、五更等。《尚书·洪范》："五福：一曰寿，二曰富，三曰康宁，四曰攸好德，五曰考终命。"它体现着人们追求幸福生活的愿望。

"六"在古代是阴柔之数，被尊奉为吉祥之数。如天子之德有六守、宫殿有六门、权力有六柄、考核有六计、邦治有六职等。"六艺"指礼、乐、射、御、书、数；"六书"指象形、会意、转注、指事、假借、形声；"六体"指古文、奇字、篆书、隶书、缪篆、虫书；"六色"指黄、白、赤、黑、青、杂；"六形"指方、圆、三角、半月、宝形、杂形；"六

图 19-1　三多
清·白玉摆件，天津博物馆藏。摆件以佛手、桃、石榴为表现主题，用作陈设装饰。

瑞"指镇圭、桓圭、信圭、躬圭、谷璧、蒲璧；等等。在吉祥图案中，"六合同春"是常见的题材，有天下同春、普天同庆的愿望。"六"与"禄"谐音，还可以引申为高官厚禄之意。

"七"在古代被视为神圣的数字，正月初七被称为"人日"，传说中女娲在正月前六天分别造出了鸡等六种动物，第七日造出了人。民间还流传着牛郎织女于每年七月七日在鹊桥相会的美丽神话。

"八"是一个象征吉祥的数字，因"八"与"发"谐音，所以民间有"要想发，不离八"的俗语。我国道教中有八仙，佛教中有八吉祥，几何图案中有八达晕等，都含有四通八达的吉祥寓意。

图 19-2 八仙
清·粉彩雕瓷笔筒，天津博物馆藏。笔筒外形似树根，搭配浮雕八仙人物，活灵活现，生动有趣。

图 19-3　万寿无疆
清·掐丝珐琅碗，天津博物馆藏。

　　"九"为最大的个位奇数，代表了长久，也象征着耐心和毅力。在民俗节日中，"九九重阳"有免灾呈祥的意义。九鼎、九龙壁、九连环、九射格等物的名称，也都包含着吉庆意义。

　　"十"代表多和全。《说文解字》："十，数之具也。"在吉祥图案中有十全十美、十年寒窗、十万八千里等题材，体现了人们对完美和完整的追求。

　　此外，"百""千""万"也是吉祥数字的重要组成部分。"百"代表多和全。百工指各种手工业工匠的总称；百衲衣因其补缀甚多而得名；百福、百寿是指用一百个不同篆体字书写的"福"与"寿"；百子是以众多儿童为题材的纹样，有百子图、百子帐；百鸟朝凤是以凤为主周围配以百鸟的图案，具有美好吉祥之意。"千"也是多的意思。其中千秋指岁月长久；千金指贵重；千重指层层叠叠；千夫指众人；千金裘指珍贵的皮衣。"万"是千的十倍，有极多、一定之意。民间常以万年青表示长青之意；万象更新、万事如意均为祝颂之词；万字流水和万字不到头则有着连绵不断之意。

20. 春节为何又称"中国年"，有何新变化？

春节，这一中华民族最盛大的节日，历来被亲切地称为"中国年"。它象征着团圆、丰收与对未来的美好憧憬。在这欢乐的时刻，无论身处何方，人们都会竭尽所能回到家乡，与亲人共度这难忘的时光。

"中国年"作为春节的新称谓，既体现了传统精神，也融入了时代内涵。如今，随着社会的快速发展，春节的形式和内涵都在悄然发生变化。然而，这种变化并非意味着传统的淡化，而是为这一古老节日注入了新的活力。

图 20-1　甲骨文"年"字

在过年的喜庆氛围中，人们遵循着古老的习俗，回乡、扫墓、祭祖，共享家庭的欢乐。这些传统仪式虽然看似简单，却蕴含着深厚的文化内涵。与此同时，科技的进步也为春节带来了新的庆祝方式。如今，手机拜年、电子红包等已成为新潮流，让一些可能无法回到家乡过年的人可以在异地与亲朋好友共度佳节。

尽管形式在变，但春节的"年味儿"并未消失。若是有时间，去城市周边的集市看看吧，市场上的年货琳琅满目，各类传统玩具、美食应有尽有。尽管有些传统器物和食品的制作更加精致，但它们的风格与特点依然保持着原有的韵味。

图 20-2　年货集市

在这个繁忙的时代，虽然人们的生活节奏加快，但春节的庆祝活动依然热闹非凡。拜年、走亲访友、燃放烟花爆竹等传统习俗依然延续着，为春节增添了浓厚的节日氛围。门前挂起的大红灯笼、贴上的春联等更是为节日增添了浓浓的"年味儿"。

"中国年"不仅仅是一个节日，更是一种文化的传承和弘扬。它是连接过去与未来的桥梁，承载着中华民族的历史与文化，见证着时代的变迁与发展。

虽然"中国年"在不断地被注入新的动力，但不变的是，它永远充满欢乐、礼仪、礼物和美食，是一场中国传统文化的盛宴。

图 20-3　爆竹生花
清·《吴友如画宝》。

21. 拜年有哪些讲究?

拜年，这一传承千年的习俗，代表着春节的正式开启。在正月初一的晨曦中，小孩子们身着新衣，由家长带领，挨家挨户地向亲朋好友送去新年的祝福。他们鞠躬、叩头，用真诚的语言祈愿新的一年平安、吉祥。主人家则会以精心准备的点心和红包（压岁钱），热情款待这些到访的客人。

随着科技的进步，拜年的形式也在悄然改变。虽然电话、微信、微博等现代通信工具为拜年提供了更为便捷的方式，但人们仍然更偏爱那种面对面的祝福，因为那其中蕴含的不仅是祝福，更是亲情的传递和文化的传承。

关于拜年的习俗，历代典籍记载颇多。宋代孟元老在《东京梦华录·卷六》中描写北宋的汴京时说："正月一日年节，开封府放关扑三日，士庶自

图 21　佩解迎年
清·《吴友如画宝》。

046

早互相庆贺。"明代陆容在《菽园杂记·卷五》中说："京师元日后,上自朝官,下至市人,往来交错道路者连日,谓之'拜年'。然士庶人各拜其亲友多出实心。朝官往来,则多泛爱不专……"清代顾铁卿在《清嘉录》写道："男女以次拜家长毕,主者率卑幼,出谒邻族戚友,或止遣子弟代贺,谓之'拜年'。至有终岁不相接者,此时亦互相往拜于门……"大户或亲友多者,初一这一天没有拜完,可延至初二、初三接着拜年。

那么,拜年有哪些讲究呢?

拜年活动一般从家里开始。首先,家中要祭拜祖灵,以示对祖先的尊敬和怀念。随后,家长带领全家人给祖宗磕头跪拜,祈求家族的繁荣和兴旺。接下来是小辈向长辈拜年,长辈则会给予"压岁钱"和瓜果食品作为回馈。同时,家中还要煮饺子,寓意团圆和富裕。

吃过饺子,家中长辈便带领着儿孙出门拜年,有的是宗族近亲相邀成群结伙一起外出给亲戚邻友拜年。人们外出相遇时要笑容满面地互相拱手作揖恭贺新年,互道吉祥语,如"新年快乐""恭喜发财""四季如意"等。而留在家中的女主人则会备好各种食品和饮品,等待客人的到来。当听到院内有脚步声时,她们会立刻开门迎接,笑容满面地迎接来访的客人。客人进门后,要先向主人家的祖宗磕头,然后再向长辈拜年。主人则会询问客人的家人安康情况,并送上水果等礼品。当客人离开时,主人会亲自送到屋门口,因为古人认为这样可以把福气送给客人。

22. 年夜饭中的菜品都有哪些寓意?

春节,这个中国最重要的传统节日,家家户户都沉浸在浓浓的喜悦和亲情之中。年夜饭作为春节的重头戏,不仅是一场美食的盛宴,更承载着人们对家庭团聚和美好生活的祈愿。

年夜饭通常在大年三十的晚上享用。大年三十是一年的最后一天,也是除夕,家家户户都会张灯结彩,欢庆佳节。电视里播放着春节联欢晚会,一家老小围坐在一起,享受这顿丰盛的晚餐。

那么,年夜饭一般吃些啥?

年夜饭的菜品丰富多彩,主要有饺子、馄饨、长面、年糕、豆腐、鱼、鸡、腐竹、生菜等,它们都有着各自的吉祥寓意。

饺子是我国传统食品之一,除夕夜的饺子更是意义非凡。在十二点钟声敲响时吃饺子,取其"新旧交替,子时来临"之意,寓意迎接新的开始。而馄饨则有开初之意,代表着一切的起点和希望。长面,也被称为长寿面,预祝人们寿长百年。由于"面"与"免"谐音,新年吃面也有免去一年晦气的美好愿望。年糕则因为"糕"与"高"谐音,寓意年年高升、兴旺发达。豆腐寓意"都有福",一盘豆腐饱含着人们对幸福生活的渴望。鱼是年夜饭必不可少的一道菜,寓意着年年有余。冬笋炒肉象征着"节节

图 22-1　大年夜包饺子

高", 寓意着步步高升、事业顺利。黄花菜、豆腐干、冬笋、香菇、肉丝等烧成的"和气菜", 则包含着人们对家庭和睦、人际关系和谐的美好愿望。

席上通常还有一些小吃食, 例如瓜子、花生、糖果等, 称为"开口果子", 寓意着甜蜜与幸福。此外, 还有寓意"有计"的鸡, 寓意"好事"的蚝豉, 寓意"富足"的腐竹, 寓意"聪明"的大葱, 寓意"生财"的生菜, 寓意"长长久久"的腊肠, 等等。

图 22-2　糖醋鲤鱼

在享用年夜饭时, 有着一些特别的讲究。比如, 吃饭期间不能哭泣或吵架, 吃完饭后不能说"饱", 要说"充实"; 当饺子在煮的过程中破了, 也不能说"破", 而要说"挣", 意味着赚钱; 如果不小心摔碎了碗碟, 要说"岁岁平安"……总之, 过年期间一切事情都以说吉祥话、办吉祥事为准则, 是不会错的。

对于中国人来说, 年夜饭不仅仅是一顿饭, 它更是一种情感的寄托和文化的传承。在这个特殊的时刻, 家人们围坐一堂, 吃的是喜悦, 品的是亲情, 这缕缕饭香便是家的味道。这种亲情的交流和凝聚力的增强, 正是年夜饭最珍贵的意义。

图 22-3　开口果子

图 23-1　中国结

23. 中国结有何特点?

中国结,这一源远流长的手工编织工艺品,自古以来就在中华大地上展现出其独特的魅力。从宫廷殿宇、历代绘画,到雕塑和民俗工艺品,甚至在乡村常用器物中,都可以看到中国结的影子,这无疑证明了其文化内涵之深厚和应用领域之广泛。

中国结的起源可以追溯到上古时期。早在旧石器时代末期,便有了骨针,既然有针,便一定有了线绳。由此推断,当时简单的结绳和缝制技术已具雏形。在文字出现之前,人们通过结绳的方式记录和传递信息。可以说,这种记事的绳结便是中国结的前身。

东汉郑玄在《周易注》中说："结绳为约，事大，大其绳；事小，小其绳。"周朝人随身佩带的玉常以中国结为装饰，而战国时期的铜器上也有中国结的图案。从先民用绳结盘曲成"s"形饰于腰间，到周的"绶带"，南北朝的"腰间双绮带，梦为同心结"，盛唐的"披帛结绶"，宋的"玉环绶"，直至明清旗袍上的"盘扣"等，无不显示了"结"在中国传统服饰中被应用的历史之久、包罗之广。

中国结发展至今，式样多、花样巧，大都具有吉祥的寓意。例如，婚床帐钩上装饰的"盘心结"，寓意相爱的人永远相随相依，永不分离；玉佩上装饰的"如意结"，寓意万事如意等。

中国结的编制过程非常复杂，每个基本结都需要用一根绳从头至尾编制而成。结的名称通常与其形状有关。例如，"双钱结"的形状就像两个铜钱半叠在一起，象征财源滚滚；"盘长结"的形状如佛教八宝之一的盘长，象征回环贯彻；"藻井结"则是因中央似"井"而得名；"纽扣结"又名"同心结""钻石结"，可以当作纽扣使用，象征白头偕老、永结同心。此外还有"十字结""四方结""双喜结""寿字结""平安结""如意结"等各具特色的结。

一个小小的"结"不仅展示了编织者的技巧和创意，更蕴含了中华民族深厚的文化内涵。

图 23-2　中国结

24. 春节放爆竹有何寓意?

相传,古时有一种叫"年兽"的动物,它既不怕人也不怕火,经常乘人不备袭击人畜。人们发现竹子在火中会发出巨大的爆裂声,而这声音似乎能够震慑年兽,使其逃走。于是,他们开始用竹子制作简易的爆竹,希望通过其声音驱赶邪灵和灾难。随着时间的推移,人们渐渐习惯了在春节燃放爆竹,寓意着辞旧迎新,将过去一年的不顺与烦恼燃为灰烬,祈求新的一年平安顺利。

"爆"就是烧,但其与一般烧火不同的是燃烧时会发出声响。竹子在燃烧时会因受热而猛然炸裂发出很大的响声,能达到"爆"的效果,所以竹子成了早期最受欢迎的一种燃料,"爆竹"逐渐流行起来。

除了驱邪避祸的用途外,人们还认为爆竹的声音能够带来好运和幸福。除春节外,每逢婚庆或开业等喜庆场合,人们亦会放爆竹来祈求平安、健康和幸福。

后来爆竹的制作工艺逐渐完善,如今人们使用的爆竹需要经过多个环节和步骤制作而成,其制作材料包括炸药、纸筒、引线、色彩药料等。炸药是爆竹的核心部分,纸筒是爆竹的外包装,引线是点火的工具,而色彩药料则可以赋予爆竹不同的色彩效果。

尽管爆竹有着诸多吉祥寓意,但燃放爆竹存在着一些安全隐患,也会对环境造成污

图 24 竹报平安
两个憨态可掬的童子嬉笑玩耍，一个手挑一挂爆竹，一个正要点燃爆竹。（请注意：小朋友在放鞭炮时一定要有大人陪同。）

染。因此，许多地方出台了严格的烟花爆竹燃放规定。我们要以科学的态度对待传统习俗，取其精华，弃其糟粕，把传统习俗与现代社会的要求结合起来，做到与时俱进。

25. 为什么中国人逢年过节爱吃饺子、汤圆?

图 25-1 饺子

饺子原名"娇耳",据说是东汉时期的医圣张仲景发明的。

相传东汉末年,"医圣"张仲景任长沙太守,后辞官回乡。冬至这天,他正在回家的路上,看见很多百姓饥寒交迫,两只耳朵都冻伤了。当时还流行伤寒,病死的人很多。张仲景悲悯之心大起,研制了一款可以御寒的药食,名叫"祛寒娇耳汤"。他命人在空地上支起大棚子,然后把锅架上,煮出祛寒娇耳汤施舍给附近百姓。娇耳汤的具体做法是把羊肉还有一些祛寒的药物放在锅里煮,煮熟后捞出来切碎,然后用面皮包起来,再下到锅里,用原汤把包好馅料的面皮煮熟。百姓们吃下这汤便能浑身发暖,两耳生热,几天之后冻耳朵就康复了,肚子也好受了。由于这种药食样子像耳朵,功效又是治疗冻耳的,所以张仲景就给它取名为"娇耳","娇耳"与"饺儿"是同音,这就是饺子的由来。

饺子的形状似元宝,元宝即钱财,寓意财富,所以它备受人们喜爱。北方地区除夕和大年初一的早餐都吃饺子,寄望招财进宝。西北地区有大年初一吃钱饺子的风俗:包饺子时在一只或几只饺子中放入

图 25-2 吃饺子吃汤圆喽

硬币(过去放铜钱)，吃到包有硬币的饺子，便预示着新的一年财运亨通。很多地方还吃素馅饺子，农谚说得好："要想富，吃顿素(馅)。"

中国人在春节时吃饺子，取的是"更岁交子"之意。每逢新春佳节，饺子都是一道必不可少的佳肴。在许多汉族地区民俗中，除夕守岁吃的饺子，是任何山珍海味都无法替代的重头大宴。

饺子除了是春节吉祥食品，还是婚礼上的吉祥食品。旧时，结婚仪式中给新娘、新郎做的饺子被称为"子孙饺子"，用于祝愿新婚夫妇生儿育女，瓜瓞绵绵。"鸳鸯饺"是将两个不同颜色、不同馅心的饺子成对地扎在一起，蒸熟后形似一对对鸳鸯。鸳鸯饺是婚姻爱情的吉祥物，一般在举行婚礼或夫妻团圆时食用，取夫妻白头到老、永不分离的吉祥寓意。

汤圆也是我国传统的新春吉祥食品。除夕之夜，人们会预先准备好大年初一全家人食用的汤圆。大年初一一大早，全家人团坐在一起享用汤圆，象征着团圆和美满。人们将大年初一的汤圆称为元宝，吃汤圆则称为"塞元宝"，寓意新年财运旺盛。

汤圆又叫元宵，自宋代以来，每逢正月十五元宵节，便要吃汤圆。人们认为汤圆和天上的圆月一样圆，象征着家人团聚、万事顺遂。

饺子、汤圆作为中国传统吉祥食品，不仅美味可口，还蕴含着丰富的文化内涵和深远的寓意。它们已经成为中国文化中不可或缺的一部分，代代相传，延续至今。

26. 人们为什么喜欢在"本命年"穿红色？

所谓"本命年"，即一个人出生年的地支，与流年的地支相同之年。简单地说，每到自己属相所在年份，就是本命年。譬如2024年是龙年，就是属龙之人的本命年。

中国有"本命年"穿红色的习俗。为什么"本命年"要穿红色？红色，大抵可以说是中华民族最喜爱的颜色之一。几千年来，无论是隆重庆典，还是乡间民俗；无论是儿女梳妆，还是文人戏墨，都广泛地运用着红色。基于繁荣昌盛的中华文化，古人还发明了多种语汇，指代不同的红色。按照颜色的深浅程度分，大约有绛、赤、朱、丹、红等数种；按照制作原料的不同，又有赭、丹、茜等称呼。在

图 26-1　红色绳结
人们喜欢在"本命年"佩戴红色绳结。

图 26-2 带有"转运珠"的红色绳结

中国，红色是一种情结，人们把它视为吉祥、喜庆、成功、忠勇和正义的象征。本命年穿红色被认为可以获得好运，还能增添喜庆和吉祥。这些原因使得"本命年"穿红色成为一种传统习俗，红色衣物和饰品也因此在"本命年"被广泛使用。

中国民俗中视本命年为大敌，将其称为"槛儿年"，即度过本命年如同跨过一道门槛儿一样。逢着这一年，无论男女老幼都要买红腰带系上，俗称"扎红"，小孩还要穿红背心、红裤衩，人们认为这样才能趋吉避凶、消灾免祸。

其实，人在本命年是凶是吉，本无科学依据。但可以肯定的是，红色因其种种象征意义，已被民间进一步神化，认为可以挡住本命年的晦气。

27. 门神究竟是哪两位大将?

门神是中国旧俗贴于门上的神像，俗谓能驱鬼辟邪，保家庭平安。追溯其根源，历代文献中记述颇多。

最初的门神并无具体所指，例如"孟秋之月，其祀门"（《礼记·月令》），这时的"祀门"仅是一种吉祥寓意。

据记载，神荼、郁垒当为最早的承载着祈福寓意的"专职"门神。其降鬼的传说最早见于《山海经》，此外，《风俗通》《三教源流搜神大全》等典籍亦有相关记载。神荼、郁垒作为门神"盖其起自黄帝"。传说度朔山上有神荼、郁垒两位守护神。他们一旦发现害人的恶鬼，便用芦苇做的绳索将其捆绑，然后扔到山下喂老虎。于是黄帝便照着神荼、郁垒的样子，在桃木板上画了他们的像和老虎的像，用这个办法抵御鬼的侵犯。东汉蔡邕《独断》记载："十二月岁竟，常以先腊之夜逐除之也。乃画荼、垒并悬苇索于门户，以御凶也。"荼、垒即神荼、郁垒。汉代，人们便常将神荼、郁垒的形象画在门上，以驱鬼避邪。

唐代，由于唐玄宗的重视，加上画师吴道子的渲染，钟馗名声大振，成为当时著名的驱鬼辟邪的吉祥人物。民间开始常挂钟馗的像赐福镇宅，历代沿袭，且不限

图 27-1　门神神荼、郁垒

于用作门神。宋代，除了神荼、郁垒、钟馗以外，还有身披铠甲、手
执兵器的武士门神。元明以后，人们从历代名将、旧小说中附会门
神，其中流传甚广的是唐代大将秦琼和尉迟恭。据《绘图三教源流搜
神大全》介绍，唐太宗因噩梦连连，召集群臣商议对策。谋士建议让
秦琼和尉迟恭守卫宫门，果然奏效。后唐太宗不忍二将日夜守护，便
让画师绘制他们的画像悬挂于宫门两旁。此举后被民间沿袭，秦琼和
尉迟恭便成了门神。

图 27-2　门神秦琼、尉迟恭
山东潍坊木版年画。

　　近世流传的秦琼、尉迟恭武士门神形象，大多绘一白脸和一黑脸，横眉怒目、威武雄壮，有坐有立，也有骑马的，手持武器也不尽相同。至今，他们的像在古老大宅的旧门上仍依稀可见。

　　明清时期，我国民间的武将门神又出现了不同的形式。通常，河南地区张贴的门神是三国时期的战将赵云和马超；河北地区张贴的是马超、马岱兄弟俩；陕西地区张贴的是孙膑和庞涓；汉中一带则张贴孟良、焦赞。

　　然而，无论门神的形式怎么变化，神荼、郁垒这两位民间门神始终占据着不可动摇的地位。到了民国时期，人们仍在大门上张贴神荼、郁垒的门神像。

　　现在过春节，民户大门上已经很少见到门神了。人们更倾向于张贴春联。但不管是门神还是春联，其代表的意义是相似的，都寄托了人们对平安、幸福的向往与追求。

28. 如意为何物？有何作用？

图 28-1 如意枕
北宋·登封窑珍珠地瓷枕、古人枕着"如意"入眠、希望好梦成真。

图 28-2 如意纹
浙江杭州胡雪岩故居砖雕、纹样四周为连续的回纹、中心为如意纹、云纹、形式简洁、富有韵味。

如意，即"爪杖"又称"搔杖"，南方称"不求人"，北方称"老头乐""挠痒痒儿"等。其外形与灵芝相仿，柄端呈手指状，用以搔痒，可如人意，因而得名。清代的《事物异名录》记载："如意者，古之爪杖也。"我国古代的"爪杖"，又有记事于"笏"（亦称"朝笏""手板"）的功能。后来，如意的形态逐渐分化，一部分保留了其实用功能，在民间流传；另一部分则强调其吉祥的寓意，逐渐演化为纯粹的陈设珍玩。

如意的材质有玉石、水晶、佳木、象牙、犀角、琉璃等名贵材料，以及金、银、铜、铁等金属。其中玉如意、铁如意在文献中最为常见。除了作为搔痒工具，如意还曾被用作指画的工具或防身的武器。《古今图书集成·考工典》中提及："如意，古人用以指画向往，或防不测，炼铁为之。"

如意在战国时已有，据宋代高承《事物纪原·什物器用部·如意》载："吴时，秣陵有掘得铜匣，开之得白玉如意，所执处皆刻螭彪蝇蝉等形。胡综谓秦始皇东游，埋宝以当王气，则此也。盖如意之始，非周之旧，当战国事尔。"看来，如意最初是镇物，但其特别形状以及吉祥装饰、珍贵材料的选用，又使其成为器用祥物。

不同时期的如意形状各异。魏晋南北

图 28-3　如意纹
北京北海明代大慈真
如殿隔扇门浮雕，中
间的如意纹与角隅纹
相配合，对称排列，
庄重典雅。

朝的如意柄多呈屈曲手掌式；唐代的如意柄
身扁平，柄首为卷云形、灵芝形、心字形或
团花形；而明清时期的如意则转变为艺术陈
设珍玩，头部保持弯曲回头之状，被赋予了
"回头即如意"的吉祥寓意。柄端由直状变
成灵芝形，更增添了如意吉祥驱邪的寓意，
成为祈福禳安的珍贵吉祥物。

　　如今，以如意形象为重要组成部分的
图案被广泛应用于建筑、家具、衣物等装
饰中，带有丰富的吉祥寓意。例如，瓶中插
如意或以如意形为瓶耳的图案寓意"平安如
意"；由两个柿子或狮子与如意组合在一
起的图案寓意"事事如意"；蝙蝠、"寿"
字和如意三者组合在一起，代表"福寿如
意"；如意穿过两个喜字组成的图案代表
"双喜如意"；盒、荷花、灵芝组成的图案
寓意"和合如意"；毛笔、铅锭、如意组成
的图案寓意"必定如意"；等等。

29. 瓶的吉祥意义从何而来?

瓶，容器，一般口小、颈细、肚身大、平底，有陶、瓷、玻璃、景泰蓝等质料。

常见的瓶（除了玻璃瓶），一般看不到里面的模样，容易引起人们的好奇和异想。因此，关于宝瓶的故事层出不穷。

宝瓶是佛家"八吉祥"之一，表示智慧、圆满、不漏。观音菩萨常常带着净瓶，净瓶中的水被称为"神水"或"甘露水"，人们认为净瓶中的水可以治疗疾病、解除灾难、净化心灵等，将它视为具有神奇功效的宝物。花瓶在古代大户人家的堂屋中还具有特殊意义，它们被视为家庭平安、家运昌隆的象征，同时也是藏风聚气的宝物。特别是小口大腹之瓶，古人认为它能完美呈现藏风聚气的抽象概念，所以将它视为门庭镇宅的宝贝，象征"风水阵眼"。

图 29-1　宝瓶木雕
安徽黄山徽州门裙板，雕刻瓶形吉祥图案，造型生动、精致美观。

图 29-2　瓶上的五蝠九桃纹
清·粉彩螭耳瓶，上海博物馆藏。

图 29-3　瓶上的蝠桃纹
清·景德镇窑粉彩橄榄瓶，
天津博物馆藏。

　　作为民间吉祥物，瓶不仅因为宝瓶的传说而带有吉祥意义，更重
要的是其"瓶"字音的寓意。"瓶"与"岁岁平安"的"平"同音，
具有平安吉祥之意。因此，瓶的吉祥意义多取"平安"的祝愿。

　　与瓶相关的吉祥图案种类丰富：如意插在瓶中或瓶耳为如意状，
寓意平平安安、吉祥如意；大象背驮宝瓶，寓意"天下太平"；瓶中
插有月季花、山茶花、菊花和蜡梅等，寓意"四季平安"；麦穗插于
瓶中代表"岁岁平安"，寓意年年平和安宁；瓶中插着三支戟，旁边
放着芦笙，则表示"平升三级"。

30. 锦鲤为什么是幸运的化身?

锦鲤是红色鲤鱼的变种,不仅以其绚丽的色彩和变幻多姿的斑纹赢得了人们的喜爱,更因其吉祥的寓意和美好的祝福,成了人们心中的幸运符号。

从外形上看,锦鲤与鲤鱼颇为相似,体形偏扁呈纺锤形,且个体较大。其头部前端有一对吻须,身上则散发出绚丽的色彩。这种生性温和、喜群游的鱼类,易饲养且观赏价值极高,因此被誉为"水中活宝石"。

在2018年的网络流行语中,"锦鲤"是一切与好运相关的事物的代名词。比如那些拥有好运的人,或能带来好运的事情,都被称为"锦鲤"。

其实,锦鲤与鲤鱼的吉祥寓意并非现代才有。早在网络时代之前,它们就被赋予了许多吉祥内涵。原始社会时期,鱼文化就已经出现了,半坡遗址出土的彩陶上,就有鱼纹的形象。春秋时期,鲤鱼已经有了祥瑞之意。发展到汉代,鲤鱼开始被神化。西汉刘向的《列仙传》便记载了一则琴高乘鲤羽化仙的故事。到了唐代,鲤鱼崇拜达到了顶峰。由于"鲤"与"李"同音,鲤鱼被奉为"国鱼",地位跃升。唐代段成式《酉阳杂俎》记载:"国朝律,取得鲤鱼即宜放,仍不得吃,

图 30-1 鱼纹
陕西西安市半坡仰韶文化遗址出土的彩陶盆。

号赤鲩公，卖者杖六十，言'鲤'为'李'也。"这一时期，"锦鲤"也出现在诗人的作品中，如黄滔的《成名后呈同年》写道："虽惭锦鲤成穿额，忝获骊龙不寐珠。"诗句中的锦鲤鳞光闪烁，代表着富贵与好运。另外，古代还有着鲤鱼跳过龙门，就能变化为龙的传说："俗说鱼跃龙门，过而为龙，唯鲤或然。"（宋·陆佃《埤雅·释鱼》）后以"鲤鱼跃龙门"比喻中举、升官等飞黄腾达之事。

如今夸人幸运，一句"锦鲤体质"就够分量了。这一词汇的流行，无疑证明了锦鲤在人们心中的重要地位和其深厚的历史文化内涵。

图 30-2　锦鲤

31. "百鸟朝凤"的引申寓意是什么?

图 31-1　百鸟朝凤吉祥图

"百鸟朝凤"题材的艺术作品种类繁多,它最早出现在豫剧《抬花轿》中,是一首唢呐名曲。其曲调模拟了各种鸟类鸣叫的声音,节奏明快,音调活泼欢畅,显示出一片喜气洋洋的气氛。江南民间亦流传着《百鸟朝凤》歌谣:"十二月里腊梅香,百鸟齐来朝凤凰;白鹤孔雀凌空舞,百鸟朝凤呈吉祥。"

关于"百鸟朝凤",有一则广为流传的民间神话传说。很久以前,在一片繁茂的森林中,百鸟欢歌,生活无忧。其中有一只名叫凤凰的小鸟,并不像其他鸟儿那样只顾吃喝玩乐,而是勤劳地采摘果实,并将其他鸟儿浪费的果实收集起来,藏在山洞里。尽管它因此被喜鹊讥笑为"财迷",被乌鸦讽刺为"大傻瓜",但凤凰并未理会,依旧辛勤劳动。有一年,遭遇了严重的大旱,森林里草木枯萎,鸟儿们找不到食物,许多鸟儿饿得奄奄一息。这时,它们想到了凤凰,厚着脸皮向它讨食。凤凰没有计较过去的冷言冷语,而是慷慨地将自己积攒的食物分给了百鸟,帮助它们渡过了难关。为了感谢凤凰的救命之恩,群鸟们从各自身上拔下最漂亮的羽毛,做成了一件五彩斑斓的"百鸟衣",献给了凤凰。从此,凤凰成了最美丽的鸟,并被推选为"百鸟之王"。每年凤凰的生

图 31-2　凤戏牡丹木雕
广东潮州金漆木雕，凤凰
翔于鲜花丛中。

日，百鸟都会飞来祝贺，这一现象便被称为
"百鸟朝凤"。

　　"百鸟朝凤"吉祥图通常以一只凤凰和四
周群鸟组成，凤凰可以是飞翔的，也可以是栖
息在树木上的。所栖的树木并不局限于梧桐，
梅花、松树甚至桃树等花叶美丽、寓意祥瑞的
树木都可以。因此，"百鸟朝凤"表达了一
种期盼盛世清平、民生康富的心愿。

因何谓之福？

——中国人的幸福观之问

32. "福"字有什么来历，为何民间喜欢倒着贴"福"字？

"福"字的起源可以追溯到甲骨文。在甲骨文中，"福"字的右上部类似一个酒樽（酉）的形状，其下是一双手，左侧是一个"示"字。这个结构传达了双手捧着酒樽在"示"前祭献的意义。因此，"福"字的本义是"求福"，后来引申为"幸福"，与"灾祸"相对。

经过金文、小篆等阶段的演化，"福"字最终形成了我们现在使用的形态。从结构上看，左边的偏旁"礻"表示祈祷，而右边的"畐"可以拆解为一、口、田，象征着家中的每一个人都有饭吃、有工作做、有学可上，这就是福。

清代学者张潮说："有工夫读书谓之

图 32-1　甲骨文"福"字

071

福，有力量济人谓之福，有学问著达谓之福，无是非到耳谓之福，有多闻直谅之友谓之福。"他认为，"福"的概念已涉及"济人""谏己"等内容，超出了个人享乐的层面，涉及为他人行善行利的方面。

过年贴的"福"字，一般写在斗方红纸上，贴于门户、照壁、家具、粮柜等地方，以表达新年祈福的愿望。为了烘托新年祥瑞喜庆的气氛，一些地方喜欢把"福"字倒贴，让孩童说"福倒（到）了"，以讨得口彩。

关于倒贴福字的习俗，有如下传说：在某年的春节前夕，恭亲王府的大管家按照传统习俗写了许多大大的"福"字，准备贴在王府的大门、窗子和库房上。然而，由于家丁不识字，将所有的"福"字都贴倒了。邻居和路人看到了，纷纷上前告知："福字贴颠倒了""福倒了"。恭亲王福晋得知后非常生气，准备惩罚家丁。然而，大管家急中生智，对福晋说："恭喜福晋，贺喜福晋。"福晋气呼呼地说："福字都贴倒了，还恭喜啥？"大管家说："刚才大家都说福到了，这是祝福府中福到了，怎么不该恭喜呢？"福晋一听，转怒为喜，不再责罚家丁。这个故事传开后，民间便形成了在新年将"福"字倒着贴的习俗，寓意着"福到了"。

还有一则传说与倒着贴"福"字有

图 32-2　甲骨文"福"字
字形参考王本兴编《甲骨文小字典》，文物出版社出版。

图 32-3　倒贴福

图 32-4 万福字
天津杨柳青石家大院由"卍"字与"福"字组成的"万福"墀头。

关。明朝开国皇帝朱元璋登基后，喜欢在节日微服出宫私访。有一年，他看见许多人围在一家大门口观看一幅灯画，画面上是一个骑马的大脚女人怀抱一个大西瓜。朱元璋一看这幅灯画，意识到是在讽喻皇后马氏，非常生气，准备捉拿灯画作者。为了避免抓错人，他将这家大门上挂的"福"字斗方一旋，让"福"字颠倒了，以此作为抓人的记号。马皇后得知此事后，觉得为了小事大开杀戒不妥，于是让心腹连夜将家家户户大门上的"福"字都颠倒过来。第二天，军士们上街按记号抓人，发现各家门口全都倒贴"福"字，无法确定具体目标。善良的马皇后为百姓消除了一场灾祸，百姓感激不已。从此，人们开始将"福"字倒贴，既是为了纪念善良的马皇后，也是为了祈求幸福。

关于倒贴"福"字的传说故事还有很多，虽然其真实性难以考证，但不可否认的是，倒贴"福"字在民间早已成为一种习俗。这种习俗符合人们期盼幸福的心理需求，因此深受大家的喜爱，一直沿袭至今而不衰。如今，随着文化和社会的发展，幸福仍然是人们对美好未来的期望。我们依然将安定富足的生活视作"福"，但更倡导为社会服务、为他人谋利、为理想献身的精神。

图 32-5 百福图

33. "五福"指的是哪五福?

在民间春联中,常见"人臻五福,花满三春""三阳临吉地,五福萃华门"等。那么,"五福"指的是哪五福?

如今,人们对"五福"的诠释多为"福"(福气、福运等)、"禄"(俸禄、官位、功名利禄、荣华富贵等)、"寿"(健康、长寿)、"喜"(喜庆、爱情、婚姻、育儿等)、"财"(富裕、金钱、财富等)。另外,还有"吉"(吉庆、吉利)、"和"(和气、和好)、"平"(平安、顺利)、"养"(教养、修身)、"全"(全面、美满)等。

而最早的五福出自周代记言散文《尚书·洪范》:"一曰寿,二曰富,三曰康宁,四曰攸好德,五曰考终命。""五福"代表五个吉祥的祝福,其中"寿"在《说文解字》中解释为"久",即生命长久的意思;"富"在《说文解字》中解释为"备也",指的是生活资源充足;"康宁"意指生活无忧无虑,平安顺遂;"攸好德"讲的是人格修养,指人具有美好德行,能行善积德;"考终命"是指善终,即平平安安地离开人世。可见,这"五福"涵盖了人对物质、精神、寿命与德行等多方面的追求。

有一个关于"五福临门"的故事:

图 33-1　五福捧寿
山西灵石静升镇王家大院高家崖凝瑞居大门影壁雕刻。

图 33-2　五福捧寿
故宫养心殿前的木雕屏风。

在一个风雪交加的夜晚，一位农妇独自在家等丈夫回来吃饭。这时突然响起了敲门声，她开门一看，敲门的不是丈夫，而是五位白发银须的老人。他们说路过此地，天色已晚，想借住一宿。农妇觉得丈夫不在家，自己无法做决定，便让他们在门外等丈夫回来再决定。不一会儿，丈夫回来后了解了情况，赶紧让众人进屋避寒。但此时的五位老人却改变了主意，推托说只能请一人进屋。夫妻俩不解，问缘由，众人不语。夫妻俩无奈之下，只好请他们各自进行自我介绍，以便做出决定。于是，五位长者各自报出了名字，第一位说自己叫"长寿"，第二位说自己叫"富贵"，第三位说自己叫"康宁"，第四位说自己叫"好德"，第五位说自己叫"善终"。听到他们的名字，夫妻俩更觉来人不凡，一时难以选择。他们不明白为什么五位不能一起进屋。若只让长寿进屋，没有康宁，长寿又有什么意思呢？他们心想，现在最需要的是富贵，但如果没有好的德行，最后也难以善终。两人反复权衡，最后决定让"好德"进屋。于是，他们出门恭敬地邀请"好德"长者进屋。"好德"长者进屋坐下后，其他四位也都自行进屋。夫妻俩感到惊讶，"富贵"长者说出了原因。原来，"好德"是他们的大哥，只要"好德"去哪儿，其他四位都会随行。通过这个故事，大家能否悟到些什么呢？

图 33-3 福庆纹
清·粉彩盖罐，天津博物馆藏。主体图案由"卍"字、蝙蝠、盘长、磬和宝相花组成，谐音"万福长庆"，图案布满整个器身，渲染出吉庆祥和的氛围。

34."天官"是谁？他真的能"赐福"吗？

天官是古代中国神话中的天神，而"天官赐福"则是道教术语，是旧时用作祈福消灾的吉利话。

我们知道，道教是中华汉民族本土的宗教，与西来的佛教不同，佛教讲究修来世，道教则重视练今生。因此，道教对现世的"福"的获得和享受十分重视，天官就是在道教中专门赐福于众的神。

图34-1　天官赐福
天官手拿"天官赐福"的字幅，表达天神把美好和幸福赐予人间的吉祥寓意。

《帝京岁时纪略》载："天官赐福，地官赦罪、水官解厄。"在道教信仰中，天官便是降福的福神。既然天官可以给人类赐福，为了吉祥，人们自然就会迎接天官。

那么，天官到底长啥样？我们从历代民俗年画中可以看到，天官的形象是作为吏部官员的模样出现的，一身朝官装束，着五色袍服，佩龙绣玉带，手执大如意，足蹬朝靴，慈眉悦目，五绺长髯飘洒胸前，一派喜颜悦色、雍容华贵之像。有的天官身旁还有五童子，手中分别捧着仙桃、石榴、佛手、春梅和吉庆鲤鱼灯等吉祥物。

据明代沈德符的《万历野获编》记载，明代戏曲剧目有《天官赐福》一曲。演出时一人头戴纱帽，身穿红色蟒袍，脸上戴一白面笑眼、五绺长髯的假面具，双手捧一诰命，上写"天官赐福"字样。演员随音乐伴奏起舞，祝福观众未来好运。

图 34-2　天官赐福
传世木版画。

左／图 35-1　三星年画
清·天津杨柳青年画。

右／图 35-2　福星年画
清·山东潍坊杨家埠木
版年画。

35. "福禄寿"指哪三位神仙?

　　"福禄寿"指的是福星、禄星和寿星,是中国民间信仰中的三位神仙,长久以来受到人们的热烈追捧和虔诚崇拜。他们象征着吉祥、幸福,寄托了人们对健康、长寿的深切期望。

　　在我国古代,人们将天上的星空区域与地上的国州分界相对应,认为星辰的运行轨迹及明暗程度与人间的治乱祸福息息相关,古人相信星神主宰着人们的命运。民间有句谚语:"人间福禄寿,天上三吉星。"其中的三吉星就是指主管福气、加官进爵、长生不老的福、禄、寿三星。

　　福星发源于先民对木星的崇拜。木星,古人称之为岁星。我国古代选择岁星作为福星,最重要的原因是发现木星十二年周期(木星绕太阳公转一

图 35-3　三星图
清·粉彩瓷瓶、天津博物馆藏。
瓷瓶上绘三星人物，形态怡然，
栩栩如生、画面一派祥和之气。

圈正好是十二年）与农业收成息息相关，认为岁星所居之处定会五谷
丰登。因此，我国古代明确以岁星为主管农业的星官，选择岁星为福
星，也就不足为奇了。而将木星视为福星，进而将其人格化为神祇，
这一转变大约始于唐代。据传，福神是唐德宗时期的道州刺史阳城。
他因抵制向皇宫进贡侏儒矮民，拯救了本州百姓，被百姓奉为降福解
厄的"福神"，百姓还绘制其画像进行祭祀。后来这一习俗逐渐传播
到其他地区，阳城便被广泛认为是福神了。唐代的阳城是何面貌已无
可考据，现在能看到的福神形象大多来自明刊本《三教搜神大全》。
福神通常被描绘为一位穿着明制官服、手持拂尘、蓄着长髯的老人，
以后的福神形象大多延续了这些特点。

　　禄星是文昌宫的第六星，是专掌习禄的星辰。后来，禄星逐渐转
化为神仙，主要的职责是为人加官进禄。再后来，禄星又被赋予了一
个全新的角色——张仙。关于张仙的身份，存在不同的说法。一说他

图 35-4　三星
广东省木版彩印。

是四川眉山的张远霄，五代时在青城山成道，得到一个四目老翁赠予的弹弓，能够击散灾难。另一说则认为他是"送子张仙"。在吉祥画中，禄星的形象往往是一个怀抱或手牵孩童、头戴牡丹花的员外。

　　寿星又称南极老人星，本为恒星名，后演变成仙人名称。在我国民间传说中，寿星是专管人寿命长短的长寿之神，常与福星、禄星相伴出现。在各种吉祥图中，寿星多为慈眉善目、笑容满面，白须飘逸、长及腰际，弯背弓腰，一手挂着龙头拐杖，一手托着鲜桃的老翁形象。他最突出的特点是额头既凸又长，身边还常伴有一个仙童。寿星代表着生命，人们供奉这位神仙，希望获得健康长寿。

图 35-5　三星摆件
民国·翡翠雕件。

36. "福如东海，寿比南山"中的"东海"和"南山"是什么？

"福如东海长流水，寿比南山不老松"是人们经常使用的对联，意思为福气如东海的水一样，流不尽，形容福气多；寿命和南山上的老松树一样，永远存在，形容寿命长。这是人们对福的祈盼和对他人的祝福。

在旧时人们的观念中，东海是浩瀚无边的，其具体所指因时而异。从东汉郑玄对《礼记》中"东海"一词的注解"徐州域"可知，先秦古籍中的东海，相当于如今的黄海。而战国时的东海已有兼指今东海北部者："楚国僻陋，托东海之上。"

图 36-1 寿山福海纹明·青花炉，南京博物院藏。该炉满绘寿石、海水，寓意幸福、长寿。

图 36-2　寿山福海纹
明·青花炉（局部）。

（《战国策·楚策一》）虽不同时代的"东海"具体所指不同，但它们有一个共同的特点——一眼望不到边际。

最早把"南山"与"寿"联系起来，见于《诗经·小雅·天保》："如南山之寿，不骞不崩。"《诗经》产生于周代，"雅"是"正乐"，即周王城乐，或王城附近的乐。周武王建都镐（今陕西长安），周平王迁都洛邑（今河南洛阳），《小雅》中的这首《天保》，反映的应是陕西或者河南一带的事情。诗中的"南山"，若是泛指，应为秦岭山区；若是实指，应为终南山。

"福如东海"之"东海"，与"寿比南山"之"南山"其实皆为意象，东海泛指福气旺盛，无穷无尽的有福之海；南山泛指高耸入云、不骞不崩的长寿之山。

37. 为什么古代有许多瓶被做成葫芦状?

葫芦,又名蒲芦、壶芦、瓠瓜等,其果实因品种不同而形状多样,常见的多为上下膨大中间细的样子,像两个球连在一起。因其为攀援植物,爬蔓结果时,葫芦蔓连绵不断,挂满枝头,十分繁茂。人们认为其生长状态恰似子孙绵延不断,就把它作为"子孙万代"的象征。

传统吉祥图案"子孙万代"的画面就表现为缠绕盘曲的藤蔓上结着众多大小不一的葫芦,它们藤蔓相连,绵绵延之,似无尽头。

图 37-1 牡丹纹葫芦瓶
南宋·龙泉窑葫芦瓶,日本东京富山纪念馆藏。

图 37-2　花卉草虫纹葫芦瓶
元·青花八棱葫芦式瓶、土
耳其托布卡博物馆藏。

图 37-3　缠枝莲纹葫芦瓶
明·黄釉青花葫芦式瓶、山东泰
安市博物馆藏。

　　古代婚礼上有"合卺"之仪——把一只葫芦剖分为瓢，新郎、新娘各执一瓢，相互为对方漱口。这种仪式象征"和合"以及从此之后两人同甘共苦，后来婚礼上喝交杯酒的习俗即是由此衍生。因此，葫芦又有夫妻和美的吉祥寓意。

　　葫芦瓶是一种形似葫芦的瓶式，自唐代以来，为民间所喜爱，遂成为传统器形。

　　宋元时期，龙泉窑、景德镇窑均有烧制葫芦瓶。南宋后期龙泉窑的葫芦瓶，小口，短颈，瓶体由两截黏合而成，且器形像"吉"字，故又名"大吉瓶"，寓意大吉大利。

图 37-4　万代纹葫芦瓶
清·錾胎掐丝珐琅嵌玉石葫芦瓶，
天津博物馆藏。

　　元代，出现了八方葫芦瓶。及至明代嘉靖时，因皇帝喜爱，此器尤为盛行并多有变化，除传统器形外，又有上圆下方式葫芦瓶，蕴含天圆地方之意。至清康熙时，葫芦瓶成为外销瓷品种之一，器形比明代的高大，并出现三节或四节式葫芦瓶。如清代的"錾胎掐丝珐琅嵌玉石葫芦万代纹瓶"，此瓶形制取天然葫芦之造型，嵌以珐琅材料。铜胎大葫芦身上嵌满了白玉质地的小葫芦，枝叶藤蔓也被表现得栩栩如生，上面点缀了各种宝石。

　　葫芦瓶的流行，主要就是因为"葫芦"谐音"福禄"，以及它拥有诸多吉祥寓意，寄托了人们对福气的向往之情。

38. "八吉祥"是哪八种器物？

"八"在中国文化中被赋予了各种吉祥意义，是一种受到人们喜爱和尊重的象征符号。《说文解字》："八，别也，象分别相背之形。"我国道教中有八仙，佛教中有八吉祥，都取其四通八达的吉祥寓意。

其中，"八吉祥"又称"八宝""八瑞相"，是佛教传说中的宝物，由八种象征吉祥的器物组成。清乾隆时将这八种图案制成立体造型的陈设品，常与寺庙中的供器一起陈放。"八吉祥"在传统吉祥图案中应用极广。它们分别为：法轮、法螺、宝伞、白盖、莲花、宝瓶、宝鱼(双鱼)和盘长。

其中，法轮表示佛法圆转，象征生命不息；法螺表示佛音吉祥，象征好运；宝伞表示张弛自如，象征保护众生；白盖遮盖大千

图 38-1　宝器木雕
安徽绩溪三雕博物馆藏品。

图 38-2　八吉祥浮雕
北京北海大慈真如宝殿三世佛须弥座束腰上浮雕，佛家宝器。

世界，是解脱大众疾苦的象征；莲花出淤泥而不染，是高贵和圣洁的
象征；宝瓶表示福智圆满，寓意成功、名利、平安；宝鱼（双鱼）表
示坚固活泼、富裕幸福，可辟邪；盘长表示回贯一切，是长寿、无穷
尽的象征。

39. 佛手为何被视为吉祥物?

　　佛手亦名佛手柑，是一种柑橘果实，因其形状奇特，裂纹如拳或张开如手指而得名。佛手能散发出一种特殊的香味，持久不散，因此人们常将它放在房间中。

　　佛手，这种芸香科常绿小乔木，主要产于我国的福建、广东、四川、浙江等省份。其中，浙江金华出产的佛手较为著名，被誉为"果中之仙品，世上之奇卉"。

图 39-1　佛手
又名佛手柑、常绿灌木、果实鲜黄色，形如人手。

佛手因其形状类似人手，并且源自佛国印度，成了人们心目中的吉祥物。此外，"佛手"与"福寿"谐音，使得它成为祝寿的常用礼品。作为吉祥物，佛手有时以实物形式出现在生日宴会上；有时则以图画、剪纸、石雕等艺术作品形式呈现在礼品单上；还有时与石榴、桃子共同组成"福寿三多"（多福、多寿、多子）的传统吉祥图案。

佛手象征着有福之手，古时就有人画水仙和佛手组成的清供图。佛手代表佛，水仙代表仙，人们认为佛和仙都能带来吉祥幸福，有这样一幅"水仙佛手图"挂在家中的墙上，家中就会平添一派祥瑞气息。

图 39-2　佛手雕刻
清·澄泥砚台，砚体栩栩如生，令人爱不释手，说明多福的观念也为文人阶层所认可，"多福"也是他们的祈愿。

图 39-3　佛手摆件
清·绿松石摆件。

图 39-4　佛手纹
清·淄博窑青花褐黄彩罐，山东博物馆藏。

40. 老人寿宴上为何总能看到带有蝙蝠形象的瓷碗？

蝙蝠是一种具备飞行能力的哺乳动物，其前肢除第一指外均细长，指间及前、后肢之间覆盖着薄而无毛的翼膜，使其能在空中自由飞翔。

在我国民俗文化中，古人对吉祥语情有独钟，尤其喜欢使用与"福""寿"等词相关的表达。"蝠"与"福"同音同韵，蝙蝠便成了承载好运与幸福的一种吉祥物，其造型作为一种吉祥元素，在瓷器、布艺品上频繁出现。工匠在绘制蝙蝠图案时，通常使用五只蝙蝠代表"高寿""康宁""富贵""好德"和"善终"五福，此外，经常搭配红色作底。"红"与"洪"同音，红底蝙蝠图案象征着辟邪和洪福齐天，预示着无穷无尽的幸福。

而瓷碗是中国传统文化中的重要元素，作为中国传统餐具的代表，瓷碗不仅承载着丰富的历史文化，更反映了中国人民的生活方式、人与自然的和谐关系以及家庭价值观念的传承。"碗"谐音"万"，引申为"万年"，原本就有着长寿的含义，加上其本身就是一个盛装食物的工具，是家家户户都会使用的物品，它代表着民众对于美好生活的追求和愿望。

图 40-1 蝙蝠纹瓷碗
民国·淄博窑白地黑花大碗、山东博物馆藏。

长寿是每个人的愿望，尽管知道人不可能永远健康长寿，但人们仍然希望尽可能延长生命。因此，寓意长寿的图案与器物特别受欢迎，带有蝙蝠形象的瓷碗便成了为老人祝寿时的佳选。这种寿碗作为一种传统文化符号，承载着中国人对生活美好和幸福长寿的向往。

图 40-2　蝙蝠纹
清·淄博窑青花黑彩蝙蝠纹合碗（无盖）。合碗又称汤罐，是专为下地干活的人送饭用的一种食器，碗上扣一盖，起保温和卫生作用。合碗还是乡邻为新婚人家"送饭"的专用器具。

图 40-3　"寿"字盖碗
清·黄地粉彩盖碗，故宫博物院藏。

图 40-4　蝙蝠纹彩盘
清·淄博窑青花黑赭彩盘，山东博物馆藏。给老人祝寿，除了送碗，也有送盘的，具有同样的吉祥寓意。

41. 瓶中插着牡丹花为何寓意"富贵平安"？

富贵的标志往往是金钱和财富，它们能带来物质上的享受和安全感，使人们的生活更加舒适和安逸。然而，平安的象征则更多地体现在家庭和健康上，家庭是人们情感的寄托和精神的支撑，没有家庭和健康的支持，即使拥有再多的金钱和财富，也无法获得真正的幸福和满足感。

画着花瓶、牡丹花和苹果的吉祥图案，被唤名"富贵平安"。那么，图中的瓶、苹果、牡丹花有何寓意呢？

图 41-1　真正富贵盘
民国·淄博窑红绿彩茶盘，画一株牡丹怒放，喜鹊站在梅树上鸣叫，有"喜"有"富"，寓意"真正富贵"。

图 41-2　富贵平安图
富贵平安也称"欢乐新年"、
童子抱花瓶，瓶中插有牡丹花，
有"富贵平安"之寓意。

　　瓶的吉祥寓意很多，"瓶"谐音"平"，因此它寓意着平平安安、顺顺利利。一些瓶子的形状设计得底部宽阔，上部狭窄，形状类似古代的钱袋，因此也被视为财富和财运的象征。

　　苹果的外形清丽，颜色怡人，常被用来象征姑娘的美丽和可爱。又因为"苹"与"平"同音，苹果也代表着平安，是一种深受人们喜爱的水果。每逢佳节，人们会在家中摆放一盘苹果，以祈求家人和客人全年平安吉祥。

　　牡丹花姿雍容、色彩艳丽、香气四溢，因此被誉为"花王"，"国色天香"是对其美丽的最高赞誉。由于它的华丽和大气，加上宋代学者周敦颐的一句"牡丹，花之富贵者也"，牡丹便成了富贵的象征，也寓意着幸福美满和繁荣昌盛。

　　正因为瓶子、苹果代表着平安，牡丹象征着富贵，所以画着花瓶、牡丹花和苹果的吉祥图案，被称为"富贵平安"，它表达了人们对富贵生活的向往和对美好未来的期许。

图 42-1 钟馗
清·河南朱仙镇木版年画。钟馗
大头像被称为"魁头"或"大魁
头",有辟邪免灾、官运亨通之意,
多贴附于影壁或门上。

42. 钟馗捉蝠的寓意是什么?

钟馗,在民间被尊为捉鬼驱邪的门神。他的形象深入人心:豹头环眼,铁面虬髯,身材魁梧,身披袍服,脚踏长靴,手持利剑或破折扇,脚下踩着龇牙咧嘴的小鬼。钟馗的样貌虽然看起来凶猛可畏,但仔细观察,却潜藏着和悦吉祥之气,使人看到并不感到恐怖,反而觉得亲切可爱。

钟馗捉鬼的故事家喻户晓,那么钟馗捉蝠又意味着什么呢?"蝠"与"福"同音,在中国传统文化中,蝙蝠被视为吉祥的象征,代表着好运和福气。因此,钟馗捉蝙蝠的寓意在于捕捉幸福。

据清代刘璋所著的《斩鬼传》第一回记载：钟馗被封为驱魔大神后，率领三百阴兵来到枉死城，在奈何桥上遇到一个小鬼拦路。这个小鬼自称原本是田间的鼹鼠，喝了奈河水后，身上生出两翼，化作了蝙蝠。它声称自己知晓所有鬼魅的所在，对钟馗说："尊神若要斩妖除邪，我愿作为向导。"钟馗听后大为高兴，收下了这只蝙蝠。于是，蝙蝠成了钟馗的向导，引领他去除尽世间的众鬼。这便是民间"迎福钟馗图"或"钟馗纳福"创作题材的灵感来源。在这些作品中，钟馗的形象与通常怒目圆睁、恐怖可畏的形象不同，而是显得和颜悦色、一团和气。他的头上还常常配有一只飞翔的蝙蝠，寄托着人们迎接福祉、追求和平安定生活的美好愿望。

图 42-2　钟馗捉鬼图
钟馗寓意着驱邪避灾、保佑平安、象征着驱赶邪恶的正义。

图 42-3　钟馗引福图
钟馗祛邪镇鬼将福（蝠）引到家里，以讨个好口彩，寓意吉祥。图为河北武强年画。

图 43 连年有余年画
清·天津杨柳青年画，由童子、
鲤鱼和莲花组成，寓意生活美满、
富足，年年都兴旺。

43. "连年有余"为何成为年画中的经典题材？

在我国传统民俗中，每逢春节，几乎家家户户都要张贴年画《连年有余》。年画上画的是一个胖乎乎的可爱儿童，手持莲花，怀抱一条肥硕的大鲶鱼（或鲤鱼），笑容满面，嬉戏于地。儿童身着蓝衣，与红身金尾的大鱼、绿色的莲叶、粉红的莲花相映成趣，整幅画面既艳丽又明快，洋溢着过年的喜庆气氛。

在"连年有余"题材的年画中，鱼的形象多样，如"金鱼""鲤鱼""鲶鱼"

等，每种鱼都承载着不同的象征意义。金鱼与"金玉"谐音，象征着金玉满堂、财富充盈；鲤鱼与"利余"谐音，且因鲤鱼产子众多，所以象征着人丁兴旺、家族繁荣、年年获利；鲶鱼与"年余"同音，寓意连年有余。这三种鱼的象征意义均与财富紧密相关。在古人的观念中，鱼生活在水中，而水本身就是财富的象征。鱼长得越大，寓意着钱财越丰厚。因此，年画中的鱼儿常常被描绘得肥硕而壮实。

鱼作为"连年有余"年画的主要表现元素之一，不仅仅是因为鱼与"余"同音，更因为鱼在数千年的文明历史中承载着吉祥的寓意。例如，《山海经·西山经》中记载的文鳐鱼，一旦出现，就预示着天下可以大丰收；在陕西西安半坡遗址出土的彩陶上，所描绘的鱼纹、人面鱼纹，已经证明了6000多年前的原始先民与鱼之间存在的紧密联系。

"连年有余"题材的名称主要取自画中的莲和鱼分别与"连""余"同音。这种巧妙的命名方式，寄托了人们对丰年有余、生活富足的美好期望。

44. "狮子滚绣球"中的绣球与婚姻有关系吗?

图 44-1 狮子滚绣球年画
清·河北武强年画。

民间常说:"狮子滚绣球,好事在后头。"

狮,自古有"兽中之王"的美称,它是智慧和威严的象征。在我国古代,狮子基本只见于宫廷,民间普通百姓通常只闻狮子之名,但并未见狮子之形。因此,人们对狮子的认知极为有限。民间有着"雌雄两狮相戏,它们的毛缠在一起,滚而成球,而幼狮便在这滚动的过程中诞生"的传言。因此,出现了象征婚姻的"狮子滚绣球"舞蹈:人们套上五彩缤纷的狮子外套,模仿狮子行走坐卧、俯仰跳跃,一人执绣球逗引狮子舞动。

那么,舞蹈中狮子为什么戏的是绣球而不是其他物品呢?

绣球是一种绸绳结成的表示吉祥、喜庆之意的球形编织物。古代视绣球为吉祥喜庆之品,有些地方的姑娘到了婚嫁年龄时,便预定某一个吉日,让求婚者都集中在楼下,姑娘从楼上扔出绣球,接住的人可以成为这个姑娘的丈夫。在很多地方,抬新娘的花轿轿顶也要结一个绣球,以图吉庆祥瑞。

绣球最早记载于2000多年前绘制的花山壁画上,但当时用以甩投的是青铜古兵器"飞砣"，并且多在狩猎中应用。随着时间的推移，飞砣逐渐演变成绣花布囊，成为人们互相抛接娱乐的工具。到了宋代，绣球逐渐演变成男女青年表达爱情的方式。宋人周去非在《岭外代答》中记载："上巳日（三月三），男女聚会，各为行列，以五色结为球，歌而抛之，谓之飞砣。男女自成，则女受砣而男婚已定。"

发展至今，绣球还有着家庭美满、生育兴旺、五谷丰登和团圆等美好寓意。"狮子滚绣球"也衍生出了生生不息、家族繁衍、社会繁荣、辟邪消灾等吉祥寓意。

图 44-2 双狮戏球石雕
河北遵化清西陵（顺治）孝陵大牌坊夹柱石雕刻。

图 44-3 春节时济南街头的舞狮、舞龙表演

45. 大象与"吉祥"有什么关系？

大象因其憨态可掬、淳朴忠厚的形象，成了我国民间的吉祥动物。象与"祥"谐音，因此被赋予了更多吉祥的寓意。

大象这种野生动物在远古时代曾遍布全世界，我国南方气候温润，森林密布，也盛产象。原始先民对这种庞然大物既避而远之，又敬若神明。

图 45-1　吉祥纹云南傣族刺绣背包。

古时，人们就已将大象的形象绘制或雕刻到各种物件上面。例如，在商、周时期的青铜器上，就已经出现了寓意吉祥的"象纹"。此后，象纹这一图案被广泛应用于家具、建筑的装饰上面，以示吉祥（象）如意。象牙也是富贵和吉祥的象征，据说用象牙制成的筷子能探知食物中是否放了毒药。

早在约7000年前，浙江余姚河姆渡文化遗址就出土了象牙雕饰品；河南殷墟中也出土了象骨和象牙制作的器物。它们的存在，说明了原始部落已经将象牙作为贵重的装饰品，用以象征地位的高贵。在古代民间舞蹈中，象舞也是精彩的传统节目。我国产象的南方地区古时也曾有过赛象的习俗，在节日期间人们可以看到捕捉野象、大象赛跑、跑象拾物、大象跳舞，大象拔河、象阵作战等表演项目。如今只有在邻邦泰国的猎象节中，中外游客还可以一睹以上大象表演的风采。

图 45-2　大象摆件
清·独山玉（南阳玉）摆件。

图 45-3　童子嬉象摆件
清·和田玉摆件。

　　云南西双版纳傣族在每年农历九月传统的开门节后会举行"晃露"盛会，这里会有"象舞"。届时，参加"晃露"的游行队伍，以"象"形引导的锣鼓仪仗队为先导，从各个村寨汇集到"摆"场。作为仪仗队中心的"象"是以竹篾编扎成形后，再裱糊彩画而成，形象逼真。象背装饰着金鞍银辔、锦缎软褥、红缨黄穗和彩带。象鼻则用布料、棉花等柔软物制作，内装有多条牛筋弓带，使象鼻活动自如，可以做出各种象技表演，象鼻端的小铜铃还会发出清脆悦耳的声音。象的基座由四至八人载荷，人们抬着象在铜钹锣鼓的簇拥下巡回周旋于摆场中，缓缓前进。吉祥"象"摆动着大鼻子，不时向欢乐的人群致以新春的祝福，祈愿风调雨顺、五谷丰登。

　　如今，在我国传统的新春年画中，亦常有大象的身影。它们身材魁梧、性格温顺，常被描绘为太平盛世的象征，如"太平有象"图案。有的年画还会在大象背上画上一盆叶子碧绿、红果累累的万年青，寓意"万象更新"。这些年画都体现了大象在传统文化中作为吉祥瑞兆的珍贵动物地位。

46. 三只羊在一起的图案有什么寓意？

图 46-1　三阳开泰吉祥图

羊在我国传统文化中占据着重要地位，作为"六畜"和"十二生肖"之一，它是中国人最早驯养的动物之一。六畜各有所长，其中，羊自古以来就是一种优质的肉食来源，同时也是古代规格较高的祭祀用品。古时最高规格的祭品是牛、羊、猪三牲兼备，这被称为"太牢"，通常用于天子的祭礼；而羊和猪同具则被称为"少牢"，一般用于诸侯的祭礼；如果只有一只猪，则称为"特猪"。

在农历岁首，人们常用"三阳开泰"这一词汇互相致以问候和祝福，尤其是在羊年的春节里，其使用频率更高，用以称颂岁首，寓意吉祥。"三阳开泰"具有冬天过去，大地回春、万象更新的寓意，其源头可以追溯到我国先秦时期的经典著作《周易》。《周易》中提及："正月为泰

图 46-2　三阳开泰木雕
安徽绩溪周氏宗祠吹鼓厅隔扇门绦环板木雕。

图 46-3 三阳开泰图
清·淄博窑青花茶盘，山东
博物馆藏。

卦，三阳生于下。"可见，"三阳" 与
八卦有着紧密的关联。《周易·泰卦》中
有言："象曰：天地交，泰。"在"三阳
开泰"这一词汇中，"泰"指的是卦名，
以乾上坤下象征天地交合而万物通达，
"泰"被解释为"小往大来，吉亨"。

三只羊在一起的图案便被称为"三
阳开泰"。图中描绘的三只羊通常在苍松
之下仰望太阳。"三羊"谐音"三阳"，
"开泰"则意味着吉祥亨通，预示着好运
即将降临。

47. 象征辟邪求福的"四神"指哪四种动物？

如今人们说的"四神"，通常指青龙、白虎、朱雀、玄武，它们是古人想象出来的四种异兽，被视为神圣的存在。青龙以远古人们想象中的龙为基础，呈现青色；白虎形象则基于现实中的虎，呈白色；朱雀的形象由雉鸡和孔雀的特点融合而成，呈现红色；而玄武则是龟与蛇结合的形象，呈黑色。四神代表四个方位：东（青龙）、西（白虎）、南（朱雀）、北（玄武）。四神形象组成的图案叫"四神纹"，在汉至唐代的瓦当、壁画、墓志四周和铜镜上均有出现。四神

图 47　四神纹
汉·瓦当。四神瓦当在古代分别守卫东、西、南、北四个方位，汉代的宫殿及陵庙建筑都有四神瓦当置于四方。

纹的产生和流行与图腾崇拜、原始迷信、天文知识、审美理想等因素密切相关，它们共同构成了古人对宇宙和自然的理解与想象。

"四神"最初是指天象，即东方角、亢、氐、房、心、尾、箕七宿形如龙，代表青龙；南方井、鬼、柳、星、张、翼、轸七宿形如鹑鸟，代表朱雀；西方奎、娄、胃、昴、毕、觜、参七宿形似虎，代表白虎；北方斗、牛、女、虚、危、室、壁七宿形如龟，代表玄武。这四组星宿被视为四方之精。战国时期，阴阳五行家将这些原始信仰与四方、图腾信仰及氏族制度相结合进行解释。到了汉代，四神被赋予了求福辟邪的寓意，人们认为它们对生者和死者都具有保护作用，因此在装饰艺术中广泛应用。

48. 佛像中的"卐"符号有什么吉祥意义?

"卐"字纹在中国是一个文字化的吉祥符号,其读音为"万"。它作为一个汉字被确定下来,据说是在武周长寿二年,即公元693年。《翻译名义集·唐梵字体篇第五十五》曰:"卐字本非是字,大周长寿二年,主上(武则天)权制此文,著于天枢,音之为'万',谓吉祥万德之所集也。"

"卐"字作为吉祥的象征,早在公元前2500年左右的内蒙古自治区敖汉旗小

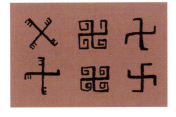

图 48-1　小河沿文化陶器上的"卐"字纹

图 48-2　陶壶上的"卐"字纹
马家窑文化马厂类型"卐"字长颈彩陶壶。

图 48-3 "卐"字纹石雕
清·安徽徽州呈坎宝纶阁寝殿栏
板石雕。

河沿文化层中的陶器上就有应用，出土的
陶器上发现有六个"卐"形纹饰。另外，
青海民和回族土族自治县新民乡出土的马
家窑文化马厂类型"卐"字纹彩陶罐，高
24厘米，口径12.5厘米，侈口，单耳，扁
鼓腹，腹部饰四大圆圈纹，圆圈内亦绘
"卐"纹。

　　"卐"字纹的吉祥意义来自它的象
征，或作为太阳的象征，或作为火焰的象
征。"卐"字纹又有左旋（逆时针方向）
和右旋（顺时针方向）两种不同的纹饰，
在建筑、家具、锦缎、绣品、器物上多有
应用，并常与寿字、蝙蝠纹等相组合，形
成"万寿"或"万福"一类的吉祥图案。
从应用看，"卐"字纹主要不是作为文
字，而是作为一种寓意吉祥的符号世代
传用。

因何谓之禄？

——中国人的利禄观之问

49. "禄"字是怎么来的？

"禄"字最早的含义是表示上天或神灵赐福于人们。在甲骨文中，"禄"字原型为"录"，呈现出辘轳汲水的形象。由于汲水灌溉能保障丰收，因此"禄"字带有了"福泽"的寓意，用以象征"福"。《说文解字》中提到："禄，福也。从示，录声。"

春秋时期的《诗经》中多次出现"禄"字。例如，《商颂·长发》："敷政优优，百禄是遒。"《大雅·假乐》："宜民宜人，受禄于天。"描述了君主因施政得当而受到了福禄。

随着历史的演进，"禄"字的含义逐渐扩展。汉代郑玄在注释《诗经·瞻彼洛矣》中的"福禄如茨"时指出："古明王恩泽

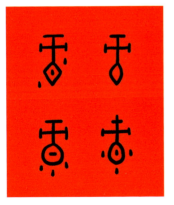

图 49-1 甲骨文"禄"字字形参考王本兴编《甲骨文小字典》，文物出版社出版。

图 49-2　禄
湖南民间童帽银饰。

图 49-3　禄
山东高密民间剪纸。

加于天下，爵命赏赐，以成贤者……爵命为福，赏赐为禄。"这里，福指的是接受爵位的封号，而禄则指的是具体的赏赐，包括实物和俸禄。《左传·僖公二十四年》中亦有："介之推不言禄，禄亦弗及。"此处的"禄"含有俸禄、食禄之义。这表明"禄"字在后世逐渐与官职和俸禄相关联。

　　"禄"字虽然后来与官职和俸禄紧密相关，但其最初的起源和含义仍然是与"福"有紧密关联的。无论是古代还是现代，人们对"禄"的向往，实质上都是对幸福生活的追求。人们用各种形式表达出对"禄"的崇拜，传达出对幸福生活的热切期望。

50. 古时中状元为何称"独占鳌头"？

鳌，在中国传统文化中被视为神兽，是一种祥瑞之物，承载着丰富的神话与象征意义。而"独占鳌头"这一说法，源于科举时代的一个特定场景：进士中状元后，会站在殿阶中浮雕的巨鳌头上迎榜。

传说东海有鳌，头顶蓬莱仙山在沧海遨游，飞腾而起时直上云霄，沉没下潜时直入海底："东海有鳌焉，冠蓬莱而浮游于沧海，腾跃而上则干云，没而下潜于重泉。"（《荷子》）在另一个传说中，

图 50-1 独占鳌头图
民间刺绣方形荷包。

图 50-2　独占鳌头图
辽宁省锦州满族刺绣枕顶。

女娲为了补天，"炼五色石以补苍天，断鳌足以立四极"（《淮南子·览冥训》），从此巨鳌便背负着大地，使大地得以安定。

因为鳌的这些神话特性，它成了人们心目中衔接天地的神物。古人相信按照鳌的样子塑成石雕，并让其背负沉重的石块，可以使大地更加牢固和安全。

在古代科举考试中，状元、榜眼上殿，殿正中的石板上镌刻着升腾的龙和巨鳌，状元站的位置稍前，正好站在鳌头上。所以俗语"独占鳌头"即指状元及第是有根据的。清代洪亮吉："俗语谓状元'独占鳌头'，语非尽无稽。胪传毕，赞礼官引东班状元，西班榜眼二人，前趋至殿陛下，迎殿试榜，抵陛，则状元稍前进，立中陛石上，石正中镌升龙及巨鳌。盖禁跸出入所由，即古所谓螭头矣，俗语所本以此。"（《北江诗话》）

"独占鳌头"不仅是科举时代读书人的理想，如今也广泛用于各种竞赛和比赛中，用以赞誉取得第一名的好成绩者。这一说法不仅承载了深厚的文化底蕴，也寄托了人们对成功和卓越的向往。

51. 由鹭、莲花、芦苇组成的图案有何寓意?

吉祥图案中，由鹭、莲花、芦苇组成的图案被叫作"一路连科"。"鹭"与"路"谐音，而"莲"则与"连"谐音。芦苇的生长习性使其常聚集成片，故用其表示"连科"。这类图案的寓意与古代科举制度紧密相连。

在古代，科举考试如同千军万马争过

图 51-1 一路连科吉祥图
画面绘一只鹭鸶在莲花丛中嬉戏，意为"一路连科"，取鹭与"路"、莲与"连"同音而得名。

图 51-2　一路连科
湖南湘潭民间剪纸。

图 51-3　一路连科刺绣
河南灵宝刺绣脚蹬盖。

独木桥，竞争激烈。要想踏上仕途，读书人需通过科举考试的多重关卡。成为生员，即俗称的"秀才"，是科举之路的起点。通过院试，方能摆脱童生的身份。一旦成为秀才，他们将享受一系列特权，如免税、免役，还能因公事求见县官。中举后，他们便成为国家编制内的官员，享有俸禄，且税赋全免。与平民百姓的秀才不同，举人跻身于社会上流阶层，即使没有具体官职，也常是地方精英，生活无忧。因此，人们常说"穷秀才"，却鲜有提及"穷举人"的。

举人之后便是贡士。成为贡士后，他们须通过由皇帝亲自主考的殿试，方能成为进士。考中者可被称为主考官的门生，进士们因而被誉为天子的门生。贡士到进士的转变，只是排名上的重新调整，而非再次筛选。

在明清两代，状元、榜眼、探花以及部分经过挑选的进士，可直接进入翰林院成为庶吉士。庶吉士作为皇帝的亲随大臣，相当于皇帝的秘书，地位显赫。对于那些未曾中过进士的官员来说，即便身居高位，心中仍难免留有遗憾。

经过考试，连中生员、举人、贡士、进士便是"连科"。由鹭、莲花、芦苇组成的"一路连科"吉祥图案寓意应试顺利、仕途坦荡。

52. 为什么人们常用带有枇杷、荔枝和核桃的图案表示"连中三元"?

"连中三元"是汉语成语，出自明代冯梦龙《警世通言》卷十八："论他的志气，便像冯京商辂连中三元，也只算他便袋里东西，真个是足蹑风云，气冲斗牛。"在古代科举考试中，"元"指的是第一名。乡试的第一名被称为"解元"，会试的第一名被称为"会元"，殿试的第一名则被称为"状元"。科举考试中连续获得三次第一名被誉为"连中三元"。能够在这三次考试中均获得第一名，其难度之大可想而知。

人们常使用三个元宝、三枚铜钱或三种圆形果实，如枇杷、荔枝和核桃等作为"三元"对应的吉祥图案。这些图案被用来恭祝学子学业有成，并期望他们能在考试中荣登榜首。如果再加上喜鹊，这个图案就被称为"喜报三元"，寓意着好消息的到来。

那么，"连中三元"中的三枚果实都有何寓意？

枇杷的形态美观，栽种在小区或园林中可以带来清新的气息，为人们带来心灵的净化和放

图 52-1　三元报喜图
四川自贡市张飞庙
"三元报喜"雕刻。

115

松。枇杷常被用来表达健康和舒适的生活。也有画龙眼的，龙眼亦称桂圆，其"桂"通"贵"，意为"富贵"，而"圆"则代表了"团团圆圆"，所以有富贵美满的寓意。

荔枝谐音"利子""立子"，因此人们常将荔枝绘成吉祥图案用于新婚祝吉和贺人生子。荔枝的"荔"又谐音"俐"，人们常将荔枝和葱、藕、菱等组合在一起，绘成"聪明伶俐图"赠予亲友，以称赞其子女聪明伶俐，连考连中。

核桃的寓意源于核桃的形状和营养成分，人们通过核桃的象征意义来表达吉祥、美好的愿望，包括健康长寿、补脑健身，收成丰盛、学业有成、事业成功、取得成就等。

之所以以枇杷（或龙眼）、荔枝和核桃组成"连中三元"吉祥图，是因为这三种果实有一个共同特点——圆形，三者放在一起（或者单独一样放三颗），就是三元（圆），寓意"连中三元"。

"连中三元"的吉祥图案和吉祥语主要是为了祝福学子们在升学过程中一切顺利。除了枇杷、荔枝和核桃这三种寓意丰富的果实外，图案中有时还会出现可爱的童子形象，他们戴着官帽，身旁还有凤凰等吉祥物。另外，还有一些图案描绘的是一个幼童张弓欲射三枚铜钱的场景，寓意着三元势在必得。此外，豆荚里有三粒豌豆的造型也是表达"连中三元"主题的常见方式。

图 52-2　三元报喜
陕西凤翔年画。

116

图 53-1　神蟾纹
汉·河南南阳麒麟岗出土画像石、仙界神蟾、
云气弥漫、口衔仙草、爬行向前。

图 53-2　蟾蜍纹
汉·陕西绥德出土
画像石。

53. "蟾宫折桂"有何吉祥寓意?

　　蟾宫指广寒宫，是中国传统文化和神话传说中与月亮相关的地方。相传，嫦娥居住在月宫中，而蟾蜍被视为月亮的守护神，与月亮有着密切的联系。因此，人们将月宫称为"蟾宫"，并在文学和艺术作品中广泛运用这个称呼。

　　古代的科举考试多在桂花盛开的八月。"折桂"原指攀折桂花树，后被用于比喻应考得中。"折桂"的典故源于《晋书》中的人物故事，《晋书·郤诜传》记载："武帝于东堂会送，问诜曰：'卿自以为何如？'诜对曰：'臣举贤良对策，为天下第一，犹桂林之一枝，昆山之片玉。'"这里，郤诜以桂花林中的一枝桂和昆仑山上的一片宝玉来比喻自己的才华出众。又有唐代诗人白居易在祝贺堂弟白敏中考中第三名的诗中写

图 53-3 蟾宫折桂吉祥图
原为陕西凤翔年画,民间一
般贴在窗扇板上。

道:"桂折一枝先许我,杨穿三叶尽惊人。"白居易比白敏中先考中
进士,所以才有"桂折一枝先许我"之说。

　　唐宋以后,人们便常用"蟾宫折桂"比喻科举中第、榜上有名。

　　《红楼梦》中,黛玉听说宝玉要上家塾去,便对他笑道:"好!
这一去,可是要蟾宫折桂了!我不能送了!"上学读书去,为的是
蟾宫折桂,为的是得官获禄。用蟾宫折桂的吉祥语激励读书人奋发努
力,是再恰当不过的了。

　　此外,民间还有在考试之际为考生准备广寒糕的习俗。明代陶宗
仪在《说郛》中记载:"(广寒糕)采桂英,去青叶,洒以甘草水、
米粉,炊作糕。"广寒糕其实就是我们常见的桂花糕,将它称作广寒
糕,也是为了引申出"蟾宫折桂"的意思,寄托了对考生学业有成、
前程似锦的美好祝福。

54. "魁星点斗"中，魁星所点的"斗"象征着什么？

"魁星点斗"的吉祥图案和读书人信奉魁星的风俗，早在宋代就已存在，明清时期尤为流行。有的吉祥图案还采用会意文字的形式，画面上有一鬼面之人，一手捧墨，一手执笔，单足站立在鳌头之上。整个图案呈鬼和斗状，正好构成了一个"魁"字。在明代，科举考试的科场之外甚至有出售泥塑小魁星的，应考者争相购买，期望魁星能保佑他们金榜题名。

中国古时，人们崇拜奎宿。它被视为主管文运之星，古代常以"奎"来指代文章和文运。随着时间的推移，奎星逐渐被附会为文运之神，或称魁星。这一称呼源于"魁"与"奎"同音，并且"魁"字含有"首"的意思，因此科举取得高第便被称为"魁"。

民间传说，魁星在殿试时因其丑陋的面容和残疾的脚而备受皇帝质疑。然而，他靠智慧轻松化解了皇帝给他出的难题，因此赢得了皇帝的青睐，最终成为状元。这使得天下的读书人都开始供奉"魁星爷"，以求吉利，期望自己也能高中状元。

人们对于"魁"字的理解，逐渐从字面上引申出"鬼"和"斗"的意象，即将"魁"字拆分为"鬼"和"斗"两部分。魁星的形象被描绘为一位赤发鬼，他一脚踩

在鳌头上，另一脚后翘，一手持斗，一手执笔。这就是所谓的"魁星点斗，独立鳌头"。魁星点斗的意象寄托了读书人内心的美好愿望，期望魁星的神笔能点中自己。

那么，"魁星点斗"的"斗"是什么？

"斗"通常被视作一种日常用品，用于量米。但是，如果魁星的神笔点在斗上，似乎并没有特别的含义。因此，"斗"在这里必然承载着更深层的意蕴。在《唐书》中，有"韩愈以六经之文，为诸儒倡，学者仰之如泰山北斗"的叙述，"泰山北斗"后来简称为"山斗"。文天祥也说："山斗之望，弥久而弥穷。"（《文山集》）这两例中的"斗"，都是用来称颂学问渊博、品德高尚、可以作为榜样的杰出人物。它们比喻的是那些深孚众望、为人景仰的人。因此，魁星手持的"斗"，也可以喻指那些有真才实学、被世人所景仰的学者。

55. 杏与科举有怎样的不解之缘？

民间对联常将杏花赞誉为美丽姑娘的象征：
"松竹梅岁寒三友，桃李杏春风一家。"然而，除
了作为美丽的象征，"杏"与科举有着怎样的不解
之缘呢？

杏花，古人称之为及第花。古代科举考试后，
发榜唱名的日子总是选在早春二月。那时，皇帝会
在杏园设宴欢庆，以供新进士游宴。唐代诗人刘沧
曾写道："及第新春选胜游，杏园初宴曲江头。"
在这个时节，百花尚未盛开，而杏花却已经开始
争奇斗艳。新科进士无论是游园还是赴宴，杏花都
成了他们不可或缺的伴侣。因此，后人常以"杏林
春宴"来比喻科举高中的喜庆场景。而"宴"与
"燕"谐音，燕子又是吉祥之鸟，常常被用来祝颂
科举高中。

图 55-1 杏林春燕图
民国·淄博窑青花红绿彩茶盘，
山东博物馆藏。

图 55-2 飞燕图
民国·淄博窑红绿彩茶盘，山东
博物馆藏。

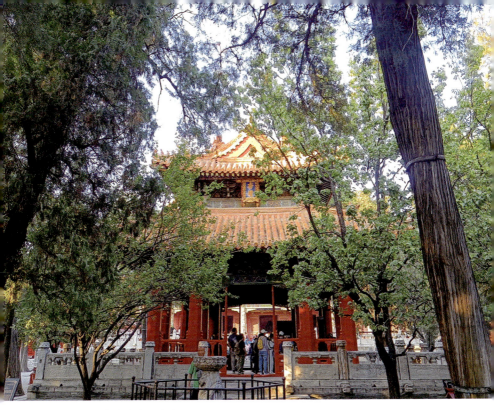

图 55-3　山东曲阜市孔庙杏坛

　　民间还创作了表现燕子穿梭在杏林中的吉祥图——"杏林春燕"。这幅图中蕴含着曲江宴的典故，因此常用来表达科考中举的喜悦和祝福。"红杏枝头春意闹"也成了登科及第的吉祥语。

　　此外，孔子授徒讲学的讲坛被称为杏坛："孔子游缁帷之林，休坐杏坛之上。"（《庄子·渔父》）这个杏坛位于山东曲阜孔庙大成殿前。宋时，孔子第四十五代孙孔道辅增修祖庙时，"以讲堂旧基甃石为坛，环植以杏，取杏坛之名名之"。现在的曲阜孔庙内仍有杏坛的存在。而"杏坛"一词现在也多用来指代教书育人的地方。

56. "五子登科"与"五子夺魁"有什么寓意?

"五子登科"和"五子夺魁"同出于窦氏五子典故,其寓意和用途基本一致。

"窦燕山,有义方,教五子,名俱扬",《三字经》中这几句话讲述的是五代时期燕山窦禹钧的五个儿子。他们读书非常努力,最终全都成了进士。窦禹钧曾梦见祖先告知他因多年积累的功德,将延寿三纪,并且孩子们也会有所成就。后来,这五个孩子果然相继登科及第,成就非凡。因此,"五子登科"的图案常展示五个娃娃在看"五子登科"的题字,寓意科第高中、仕途顺利。也有描绘一只雄壮的大公鸡站在巢上,巢边有五只小雏鸡,公鸡正在呼唤小鸡的场景,以"叫(教)五子"寓意"五子登科",象征着家教有方,子女大有出息。

"五子夺魁"源于《宋史·列传第二十二》中的"窦仪传"。窦仪和他的四个弟弟窦俨、窦侃、窦偁、窦僖从小便博览群书,都成了有学问的人,并相继考中进士,被称为"窦氏五龙"。"五子夺魁"吉祥图常展示五个孩童争夺一顶头盔,以"盔"谐作"魁",寓意五子从小有远大理想,象征着人们对子女成才的美好祝愿。另外,明代科举乡试曾以《诗》

图 56-1　五子登科图
五个儿童在看写有"五子登科"的条幅,寓五个孩子皆高中及第。

图 56-2　五子夺魁图
五个儿童都争魁(盔)首,意为五子从小有远大理想。

124

《书》《礼》《易》《春秋》五经取士，每经考中头名的被称为"经魁"，共五名。后世便将乡试前五名叫做五魁，第六名叫亚魁，其后诸名称文魁。这也为"五子夺魁"的含义增添了一层文化背景。

图56-3　五子夺魁图
民国·淄博窑红绿彩花瓶、
山东博物馆藏。

57. 由花瓶、笙、三杆戟组成的图案有什么意义?

在古代,升迁是许多人渴望的目标。这种对官职晋升的追求,在一定程度上也反映在诸如"平升三级"这样的吉祥图中。这些画作以其独特的艺术形式和寓意,表达了人们对官运亨通的美好祝愿。

由一个插有三杆戟的大花瓶和一把芦笙乐器组成的吉祥图被称为"平升三级",通过谐音,瓶代表"平",笙代表"升",三戟表示"三级",寓意着连连升级的吉祥愿望。

戟是中国古代的一种兵器,始于商周,合戈、矛为一体,常作为官阶武勋的象征。在唐代,只有当官、阶、勋三方面都达到三品的显贵,其门外才会立戟作为标志,"戟"因此成了贵族地位的象征。

"平升三级"源于我国古代官吏的品级制度,该制度将职位从高到低划分为一至九品。魏晋南北朝时期采用的是"九品中正制"选官方法。在此制度下,朝廷派遣中正官根据品德、才能和门第等因素,将人才评定为九品,并掌其升降。平升三级的含义则指古代官职品级提升,通常用来形容一个人官运亨通,连续升迁三级。

"平升三级"这样的吉祥图作为一种文化现象,反映了古代社会的价值观与审

图 57-1　平升三级吉祥图
安徽黟县椅背的木雕纹样。

图 57-2　平升三级吉祥图　　图 57-3　平升三级图
山西榆次县衙廊心墙上砖雕。

美观。它对于现代社会的意义，更多地体现在其艺术价值和文化传承方面。时至今日，随着时代的变迁和社会的发展，我国已经逐步建立了更加科学、公正的干部选拔和任用机制。这一机制强调能力和群众认可，使真正有才华、有能力的干部得以脱颖而出。

58. "加官进禄"有什么典故?

　　"加官进禄"这一说法源自《金史·卷六十四·章宗元妃李氏传》:"向外飞则四国来朝,向里飞则加官进禄。"这里的故事主角是李妃,原名李师儿,她出身卑微,但因其聪明才智和机敏乖巧,深受金章宗完颜璟的宠爱。李妃不仅声音清亮,善于领会知识,还能作字,知书达理,因此很快从宫女晋升为淑妃,甚至后来被封为元妃,在后宫地位待遇与皇后相当。

图 58-1　加官进爵、加官进禄
清·陕西凤翔年画。

图 58-2　加官进爵
清·任伯年创作。

　　"加官进禄"的吉祥图通常表现为一位天官站在画面中心。他头戴乌纱帽，三绺须髯飘动，身穿朝服，腰系玉带，脚蹬朝靴，一手摸在玉带上，另一手扶着一头梅花鹿。梅花鹿三蹄着地，一蹄勾起，作前进状。有的也会表现为一对丞相，他们戴相冠，着朝服，腰横玉带，足蹬朝靴，相向而立，各自手中托着一只圆盘，盘上分别放置一只梅花鹿和一顶五梁冠。鹿与"禄"同音，冠与"官"同音，象征"禄位高升""官运亨通""加官进禄"。这类吉祥图常被当作年画贴在大门上、家宅内，也常被用作瓷器等工艺品的装饰图。

　　还有一种与之相似的吉祥图是"加官进爵"，一般是两人托盘，盘中各盛放一顶帽子和一尊古人喝酒用的三脚酒器，帽子即"冠"，三脚酒器名为"酒爵""爵杯"。也有一人敬献一"爵杯"的，同样表达的是祝福升官的意思。这类图案在清代绘画中较为常见。

　　随着时间的推移，"加官进禄"（或"加官晋爵"）逐渐演变成了一个具有象征意义的成语，民间出现了许多这一题材的吉祥图，用来祝福或期望某人在官场上能够顺利晋升、增加俸禄。

129

59. "神仙富贵图"为何选择水仙与牡丹作为绘画主题?

水仙有着众多雅称,如凌波仙子、玉玲珑、女史花、姚女花等,这些雅称都体现了其作为水中仙子的独特地位。水仙不但姿态高雅,而且香味沁人心脾。其花名中的"仙"字与仙人、神仙、仙境中的"仙"字相同,为水仙增添了一层"仙气"。

牡丹,在我国民间被誉为"国色天香"和"花中之王"。因其花朵硕大、艳丽且雍容华贵,深受人们喜爱。在吉祥图案中,牡丹常与其他元素结合,表达出丰富的寓意:与海棠同绘,寓意"满堂富贵";与白头翁同绘,象征"长寿富贵";与鱼同绘,象征"富贵有余"。而牡丹插在花瓶中,则寓意"富贵平安"或"平安富贵"。

当水仙与牡丹画在一起时,水仙代表"神仙",牡丹象征"富贵",它们共同代表着神佑富贵、吉祥幸福的美好愿景。这种组合不仅具有美学上的和谐与平衡,还承载了人们对美好生活的精神寄托和向往。因此,"神仙富贵图"选择这两种花卉作为绘画主题,既表达了人们对富贵和吉祥的追求,也展示了中国传统文化中花卉的象征意义和文化内涵。

图 59-1　牡丹纹
民国·淄博窑红绿彩茶盘,山东博物馆藏。

图 59-2　水仙纹
清·淄博窑青花盘,山东博物馆藏。一只小猫趴在放有水仙花盆的茶几下面懒懒地睡着了,画面显得温暖、宁静、舒适。

130

图 59-3 神仙富贵吉祥图
牡丹花旁有水仙盛开。水仙寓意
神仙、牡丹寓意富贵，组成神仙
富贵之意。

60. 为什么古代大宅院的门前会摆放一对石狮子？

　　狮子，这一原本产于非洲、西亚的动物，自汉代起通过张骞出使西域等外交活动，逐渐进入中国并与中华文化相融合。随着东汉时期佛教的传入，狮子在佛教艺术中扮演着重要角色，进而被引入陵墓守卫和建筑装饰中。

　　狮子在佛教中象征着无畏与神圣，自汉代至南北朝，狮子被用作镇守陵墓的石兽，常见于石窟艺术中。其形象威猛或温顺，既体现了佛法的威严，也起到了辟邪的作用。到了宋代，狮子形象的应用范围更加广泛，不仅用于陵墓和宗教建筑，还开始出现在官署、府第和寺

图 60-1　山西解州关帝庙门狮

图 60-2　山西新绛西庄村门狮

庙的门前，作为镇宅、镇府的门兽，象征着门第和等级。明清时期，狮子的形象更加世俗化，其造型广泛应用于建筑装饰和工艺品中。民间匠人们通过夸张和变形的艺术手法，赋予了狮子更多的吉祥寓意，如权势、家族兴旺和子孙绵延等。

　　宅院前的石狮形态多为蹲坐状，形象塑造突出头部形态，五官处理独特，如张开的大嘴、圆瞪的双眼和拟人化的眉毛、鼻子，都表达了狮子的威严，同时体现出了其喜怒哀乐之情。门前摆放石狮，不仅是为了装饰和美观，更是为了体现家族的地位和财富，同时也寄托了人们对家族兴旺、子孙绵延的美好愿望。

　　古代大宅院门前摆放石狮子，既是对狮子在佛教中护法辟邪神力的信仰，也是对狮子所象征的权势、家族兴旺等寓意的追求。这一现象是封建社会独特的产物，体现了当时人们的审美观念、文化习俗和社会价值观。在现代社会中，虽然人们不再轻易摆放这些神兽，但石狮子作为古代文化的遗迹，仍然在风景名胜区的古建筑中得以保存，供我们探寻和感悟古代文明的魅力。

61. "马上封侯"封的是什么侯?

一幅描绘猴子骑在马背上,猴背上还有一只蜜蜂的图案,被称为"马上封侯"。其中,马在中国传统文化中象征着威严与武力,蜜蜂代表勤劳和好运,又有"蜂"与"封"同音,"猴"与"侯"同音。此画寓意前程似锦,即将获得显赫地位。那么,"封侯"究竟封的是哪种侯呢?

在古代,官员的职位通常不能世袭,导致其后代可能陷入困境,故有"富不过三代"的说法。但封爵则不同,爵位可以世袭,被封爵者,其后代能够继续享受皇家的恩泽。因此,封爵成为当时人们追求的最高目标。而封侯,即被授予侯爵。

"侯"在古代有多重意义:第一,它是我国古代的五等爵位之一,传说始于西周。《周礼·王制》中明确提到:"王者之制禄爵,公侯伯子男,凡五等。"第二,天子分封的各国国君被称为"诸侯"。西周时期的诸侯包括公、侯、伯、子、男五等。至汉代,分封制简化为王、侯两级,王的封地称为王国,侯的封地则称为侯国。此外,汉代还为归顺的异族首领设置了特殊的爵位,称为"归义侯",包括匈奴、南越、东越、朝鲜、月氏等国的王族成员和军事将领都曾被封为归义侯。第三,"侯"也作为对权贵阶层的尊

图 61-1 马上封侯年画
清·陕西凤翔年画,与"封侯"的寓意不同,此图也称"庇马瘟",贴于马厩之上,有庇护爱马免除瘟疫的吉祥寓意。

称，泛指高级官员。在《史记·陈涉世家》的记载中，陈胜说过一句流传千古的话："王侯将相宁有种乎？"意思是那些称王侯拜将相的人，天生就是贵族吗？这句话告诉我们，命运掌握在自己的手中，只有靠自己的努力才能改变不平等的命运。

通常人们所说的"侯"，就是这三种意思。对于普通百姓而言，封王封侯是他们遥不可及却心向往之的梦想，这也正是"马上封侯"这一吉祥图深受喜爱的原因。

图 61-2　石上封侯木雕
四川富顺文庙隔扇门裙板木雕，一只猴在捅马蜂窝，两只猴坐在石头上，"石上蜂猴"隐喻"室上封侯"。

图 61-3　松猴图
清·玛瑙花插，松猴谐音"封侯"，表达的是加官晋爵、求富贵之意。

62. "八骏马"有什么吉祥含义?

"八骏马"为周穆王的御驾坐骑,这八匹马各具特色,飘逸灵动,均为世间难得的良马。在中华民族的吉祥文化中,"八骏马"寓意着马到成功、前程似锦。

"八骏马"的故事最早见于从西晋时期魏国墓葬中发掘的古籍《穆天子传》,书中描述了穆天子拥有八匹骏马,并将它们以毛色命名,包括火红色的赤骥、黑色的盗骊、白色的白义、青紫色的逾轮、灰白色的山子、鹅黄色的渠黄、枣红色的华骝以及体白耳黄的绿耳。

东晋王嘉的志怪小说集《拾遗记》以外形和奔跑的姿态为这八匹马命名:"王驭八龙之骏:一名绝地,足不践土;二名翻羽,行越飞禽;三名奔霄,夜行万里;四名超影,逐日而行;五名逾辉,毛色炳耀;六名超光,一形十影;七名腾雾,乘云而奔;八名挟翼,身有肉翅。"

周穆王名姬满,是周朝的第五个君主,也是西周时期在位时间最长的周王。他的经历富有传奇色彩,在位期间曾西征犬戎、南平荆蛮、东征平定徐国。此外,周穆王还颁布了《吕刑》,创建了人类社会早期的制度文明。

据《穆天子传》记载,周穆王于公元前963年率领大批随从,携带大量金银玉器、丝

图 62-1　八骏马图
民国·淄博窑青花茶盘,
山东博物馆藏。

图 62-2　八骏马图（局部）
浙江宁波天一阁藏书楼照壁灰塑，骏马仰俯
姿态各不相同，但又更有雄健俊美的形象。

织品和手工艺品从国都镐京出发，开始了他的西巡之旅。在这次旅行中，他远达昆仑山，见到了西王母，还送上了很多礼物以示友好。西王母在瑶池设宴款待周穆王，并亲自为他歌咏："白云在天，丘陵自出。道里悠远，山川间之，将子无死，尚能复来？"表达了希望他再次来访的愿望。周穆王许诺回去后好好治理国家，三年后还会再来。然而，周穆王没有遵守诺言，直至驾崩，他也没有再去过昆仑山。唐代诗人李商隐在《瑶池》一诗中提及此事："瑶池阿母绮窗开，黄竹歌声动地哀。八骏日行三万里，穆王何事不重来。"

　　周穆王的远征是周王朝经过前四代君主的励精图治，国力大为兴盛的结果。当然，繁荣的经济和强大的军队是远征成功的重要因素。然而，在神话传说中，周穆王之所以能够有这样壮阔的远行经历，很大程度上归功于那八匹神奇的骏马。

　　成语中有"马到成功"比喻成功迅速而顺利，"八骏马"即有"马到成功"的吉祥含义，常常被人们用来表达祝愿他人事业有成、前程似锦的美好心愿，同时也鼓励人们积极进取、大胆前行。

63."黄甲传胪"的"黄甲"与"传胪"分别是什么?

古代科举考试分为乡试、会试和殿试三级。乡试的第一名被称为"解元",会试的第一名则被称为"会元"。殿试是由皇帝亲自出题并主考的,其名次分为三甲。一甲共有三名,分别是状元、榜眼和探花。二甲的人数略多,这些人会被赐予进士出身。而三甲的人数更多,他们会被赐予同进士出身。在明代,二、三甲的第一名被称为"传胪",而到了清代,"传胪"则专指二甲的第一名。"传胪"的本意是指皇帝在选定殿试结果后,由专门的传胪官在大殿前宣布名次,随后殿前卫士会齐声传呼这一录取仪式。明代程登吉在《幼学琼林》(又名《幼学须知》)中对此有详细描述:"天子临轩,宰臣进三卷,读于御案前,读毕拆视姓名,则曰某人。阁内则承之以传于阶下,卫士六七

图 63-1 二甲传胪吉祥图
蟹有甲、两只蟹隐喻"二甲",芦与"胪"谐音、寓意科举及第、能名列前四。

图 63-2　二甲传胪图
辽宁省锦州满族平绣枕顶。

人，齐声传呼之，谓之传胪。"据记载，在仪式上负责唱名的，正是当年的二甲第一名，因此二甲第一名被称为"传胪"。

由于殿试所取三甲的名单用黄纸书写，所以科举考试应试中选叫作"黄甲传胪"；又因为清朝以"传胪"称二甲第一名，所以"黄甲传胪"又叫"二甲传胪"。

常见的"黄甲传胪"吉祥图画面是两只大螃蟹在芦苇下穿行，有时还配有蜻蜓。清代厉荃在《事物异名录》中记载："蟹之大者曰蝤蛑，名黄甲，又名海蟳、虎蟳，又殿试亦名黄甲。"图中的两只螃蟹便指代着"二甲""黄甲"，"穿芦"与"传胪"谐音，而蜻蜓则代表"廷试"。这类图案同样用于预祝亲朋有大好前程。

64."鲤鱼跃龙门"的龙门在哪里？

据史料记载，早在殷商时代，人们便开始在池塘中养殖鲤鱼。在我国第一部诗歌总集《诗经》中，便有关于周文王凿池养鲤的描述。

在我国传统文化中，鲤鱼被视为一种重要的吉祥物。据《孔子家语》记载，孔子的儿子出生后，当时的国君鲁昭公曾把鲤鱼作为贺礼送给孔子。孔子以此为荣，就给儿子取名"鲤"，字"伯鱼"。而到

图 64-1　鲤鱼跳龙门年画
清·四川夹江木版彩印年画。

图 64-2　鲤鱼纹
清·淄博窑青花大鱼盘,山东博物馆藏。

图 64-3　鱼跃龙门图
陕西韩城文庙大门前影壁砖雕。

了唐代，皇帝姓李，李与"鲤"同音，因而鲤鱼一跃跳进了龙门，成为皇族的象征。皇室之中也多以"鲤"为佩，兵符也改称"鲤符"。当时，朝廷还颁布了一道法令，严禁百姓捕捞鲤鱼，违者重罚，若有人宰食鲤鱼，更是会被判为死罪。

　　鲤鱼一直被视为吉祥的灵鱼，其中，鲤鱼跃龙门的故事传播广泛，"鲤鱼跃龙门"的吉祥图也被广泛应用。那么，"鲤鱼跃龙门"的典故出自哪里？鲤鱼又是在哪里跃龙门的？汉代古籍《三秦记》："龙门山，在河东界。禹凿山断门阔一里余。黄河自中流下，两岸不通车马。每岁季春，有黄鲤鱼，自海及诸川争来赴之。一岁中，登龙门者，不过七十二。初登龙门，即有云雨随之，天火自后烧其尾，遂化为龙矣。"

　　相传，大禹治水时曾凿开龙门山，形成了一个宽阔的门洞，宽度超过1里（今500米）。龙门山位于黄河的东面，黄河从龙门中间流过，两岸陡峭，无法通车马。每年季春时节，黄色的鲤鱼会从海洋和其他河流中赶来，竞相跳跃尝试通过龙门。在一年中，能够成功跳过龙门的鲤鱼不超过72条。当鲤鱼初次跳过龙门时，会有云雨相伴，随后有天火从其后烧其尾，鲤鱼便化身为龙。

黄河龙门位于山西省河津市西北与陕西韩城市交界的黄河峡谷出口处，这里是黄河的咽喉。此处两面大山，黄河夹中，河宽不足40米，河水奔腾破"门"而出，黄涛滚滚，一泻千里。传说这里就是大禹治水的地方，故又称禹门。人们所说的"鲤鱼跃龙门"通常就是指这里。

"鲤鱼跃龙门" 这个典故常用来比喻人们经过不懈奋斗而改变了自己的命运和前途，也用来形容人们寒窗苦读终有所成或官场得意。它寄托了人们对于努力、奋斗和成功的向往与追求。

图 64-4　鲤鱼跃龙门图案
山东金乡县蓝印花布包袱。

因何谓之寿?

——中国人的长寿观之问

65. "寿"字是怎么来的?

图 65-1 甲骨文"寿"字
字形参考王本兴编《甲骨文小字
典》,文物出版社出版。

"寿"字是中国汉字中一个多变的异形单字,一个看上去普普通通的"寿"字有许多种写法。那么,"寿"字是怎么来的呢?寿字的甲骨文,像耕耙过的田地的纹路形,可以理解为只有耕作劳动才能使人长寿。此话正体现了古人的长寿观——土地是人类最重要的生存环境,拥有了土地,生活才能得到一定的保障,有了保障人才能长寿。《说文解字》:"寿,久也。"本意为长寿。

中国传统文化中有"人生五福"观点,其中"寿"字位居第一。古人认为,人若活得久,能够健康长寿,身外一切事都可以妥善处理,说得简单一点儿就是"人在一切在"。

山东青州云门山大云顶北壁刻有一个巨大的"寿"字，高7.5米，宽3.7米。其中仅寿字的"寸"部分就高2.3米，故当地有"人无寸高"的俗语。由于这个"寿"字刻在云门拱壁的崖壁上，人们便说"云门献寿，寿比南山"。这个字体的笔触圆润流畅，尽管是经过千凿百斧雕刻而成，却丝毫不露痕迹，被誉为我国古代摩崖"寿"字之最。

图 65-2　寿字
山东青州云门山大云顶北壁石刻。

在"寿"字上，古人也做过很多相关的研究，如将"寿"字图形化、符号化、艺术化，甚至还创造了许多不同的"寿"字。"寿"字表意的图案也有多种，如长寿（长方形的"寿"，意长寿）、圆寿（圆形的"寿"字，意无病而终）等图形。古时，人们祝寿时，莫过于送一幅"百寿图"，它是寿礼中最好、最完满的礼物，其寓意自是不言而喻了。

人们不但写各种各样的单个"寿"字，而且还写"百寿图""千寿图""万寿图"，可见人们对寿的要求是多多益善。

所谓"百寿图"，是指用真、草、隶、篆等各种书体写出的一百个"寿"字。用不同形体寿字组合形成的图像，其产生的艺术效果是独特的。"百寿图"的形状可排成圆形、方形，还可在一个大寿字中嵌入一些小寿字，形态多变，它既是吉祥图案，又是书法艺术，充分体现了中华民族

图 65-3　团寿字和长寿字

图 65-4　民间流传的
各种"寿"字纹

独特的艺术创造能力。

单体"寿"字纹又有附加图案的，如"如意寿字"，在圆形寿纹边围饰如意图案；"五福捧寿"图，绘五只蝙蝠围成圆圈，圈中一个圆形"寿"字；"福寿绵长"图，由一个寿字和盘长、蝙蝠组成，意思是福寿绵长。这些寿字图案多用于祝寿场合，贴在门上、墙上及各种器具上，也有刺绣在老人的衣服、被子、枕头等上面的，以祈福纳寿。

"花寿"是寿字与图案的组合搭配，以"寿"字为主体，辅以各种具有祈吉祝福寓意的人物、花卉、器物等图案，其中又以牡丹、松柏、八仙等最为典型，以此增添字体的感染力。

图 65-5　寿字纹
安徽民间木雕，字中人物为寿星和八仙，布局巧妙，满而不乱。

图 65-6　百花庆寿纹
清·刺绣，"寿"字内填入四季花卉，寓意"百花庆寿"。

66. 你知道祝寿的习俗吗?

人从出生后的第一个生日到去世前的最后一个生日,每年都有不同的庆贺方式。

图 66-1　寿字大饽饽

生日有大小之分,民间在做寿时习惯庆祝逢九的岁数,而不庆祝逢十的整岁。六十岁以下叫过生日,六十岁开始称过寿。无论是过生日还是过寿,每逢十的生日就叫"大生日"。只要父母尚在,无论过生日还是过寿,均要先敬父母养育之恩,然后再为自己生旦作贺。

人们习惯把六十岁作为祝寿的起点,因此民间有"不到花甲不庆寿"的说法。六十岁后

图 66-2　砖雕南极仙翁

图 66-3　木雕南极仙翁

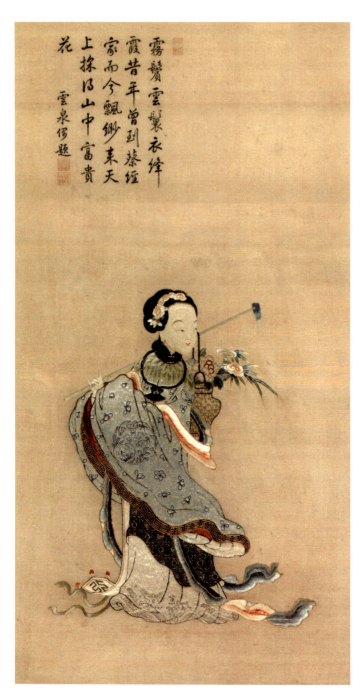

霧鬢雲鬟衣縫
霞昔年曾到蔡經
家而今飄緲束天
上採得山中富貴
花
　　　雲泉偶題

图 66-4　麻姑图
清·绢地丝绣、
天津博物馆藏。

148

的每五年称为"小寿"，每十年称为"大寿"。不管大寿小寿，都要举行庆祝活动。

传统的祝寿活动，从儿孙们提前为寿星置办一身新衣装（俗名"长寿衣"）开始。祝寿前一天晚上要布置寿堂，儿孙们还要将寿星的居室精心布置一番，堂屋张灯结彩，焕然一新。祝寿厅摆上方桌，桌上有两支红蜡烛、寿果、寿酒、寿鱼等。中堂后墙贴"寿"字，挂寿星图、红色寿幛和寿联，中堂下设寿案。若寿星为男性供南极仙翁，女性则供麻姑献寿等塑像，像前摆放寿桃寿面。贺寿当天，寿星穿戴整齐，坐在寿案前左侧，点烛烧香放鞭炮，宣读祝寿词，词毕接受拜贺，众儿女、侄孙均整其衣冠，依次给老人磕头祝寿，共祝老人多福多寿。

有些地方的贺寿活动从辰时开始，有些地方则在中午。因此，寿星家中要备上丰盛的宴席招待宾客。贺寿人所送之礼叫"寿礼"，如果是挂面称为"寿面"，鸡蛋称为"有蛋"等。凡是出嫁的姑娘要给寿星准备寿糕（蛋糕）。

"六十六岁"是寿俗中最隆重的一个年龄。因为这个年龄占了两个"六"字，按照中国人的风俗习惯，象征着"六六大顺"。

67. 寿龄有哪些雅称？

我国民间风俗是六十岁开始做寿，而在每逢带"九"的岁数，如五十九、六十九、七十九、八十九、九十九岁生日之时，则要过大寿。习俗有"贺九不贺十"的说法，取"贺九寿久"之意。

自古以来，中国人大多称六十岁以上的人为耆年。民间将六十岁以上的年龄分为"三寿"，大体分为：上寿——九十岁以上；中寿——七十至九十岁；下寿——六十至七十岁。

老人的年龄有许多雅称，各有其一定的意义。

"花甲"指六十岁，又称"耳顺之年"。古人用天干、地支作为纪年的符号，天干包括甲、乙、丙、丁等共十个；地支包括子、丑、寅、卯等共十二个。按甲子、乙丑等顺序排列，每六十年一个循环，故六十岁称为花甲之年，简称"花甲"。

七十岁称为古稀之年，源于唐代杜甫《曲江二首》中的诗句："酒债寻常行处有，人生七十古来稀。"七十岁又称"杖国"，源于《礼制·王制》："七十杖于国。"意思是说七十岁可以挂拐杖行走于都邑国府。

八十岁称为"耋"，九十岁称为"耄"，两者合称为"耄耋之年"。《礼记·曲礼》云："八十九十曰耄。"后来用"耄"泛指年寿高。

　　九十岁又称为"眉寿""九秩""九龄"等。《诗经·七月》云："为此春酒，以介眉寿。"朱熹注："眉寿者，颂祷之辞也。"人老眉长，眉长则表示寿长。古人心目中老寿星的眉毛都长得特别长特别粗，因此称颂人长寿常说"眉寿"。

　　一百岁称为"期颐之年"。百岁为人生年数之极，故曰"期"；此时起居生活待人养护，故曰"颐"。《礼记·曲礼》云："百年曰期颐。"

　　一百零八岁称为"茶寿"。"茶"字的上面草头看似二十，下面可拆成八十八，二者相加得一百零八，故借指一百零八岁。

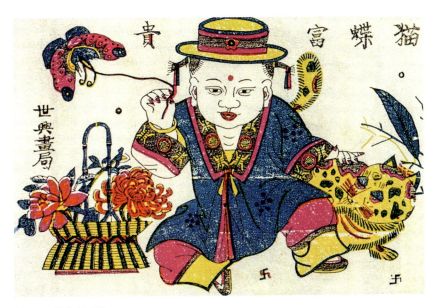

图67　耄耋富贵图
清·陕西凤翔年画。

68."长寿面"是如何成为标志性祝寿吉祥食品的?

俗语说:"送你一碗长寿面,外加几个荷包蛋。吃它健康又长寿,幸福快乐用不够。好运天天有,生活甜蜜到永久。"一碗长寿面,承载着美好滋味与深情眷恋。

据民间传说,汉武帝崇信鬼神且迷信相术。某日,在与大臣闲聊时谈及寿命长短,汉武帝提道:"《相书》云,人中长则寿命长。若人中长一寸,即可活到百岁。"东方朔听后大笑,解释称:"我非笑陛下,乃笑彭祖。脸长则寿长,人瘦则脸长。那彭祖定是个瘦子。若人中长一寸能活百岁,彭祖活了八百岁,那他的人中岂不是八寸长?"众人闻后皆大笑。然而此事传到宫外,竟真有人把东方朔的玩笑话当一回事了,而且将"脸"传成了"面",把"瘦"传成了"寿"。于是"脸长人瘦"就成了"面长人寿"。于是,人们便将长长的面条作为长寿的象征,称之为"长寿面",并形成了吃长寿面的习俗,一直流传至今。

上述故事只是传说,那么,历史上最早明确记载过生日吃长寿面是什么时候呢?《新唐书·后妃传》中有关于长寿面的记载,唐玄宗的王皇后由于不再得宠而焦躁不安,有一次她哭着向玄宗说:"陛下独不念阿忠脱紫半臂易斗面,为生日汤饼邪?"这里的"汤饼"指的就是面条。由此可见,最迟在唐代,吃长寿面已成了生日的重要仪式。

长寿面的制作与摆放颇有讲究。据刘锡诚在

152

图68　长寿面

《吉祥中国》一书中说："面条要三尺长，每束要一百根以上，盘成塔形，上面还要罩上镂空的红绿纸剪成的拉花，而且一般要好事成双——双份，寓意好事成双。这当然是古人的讲究了，演变至今，已经是删繁就简，只要是面条就可以了。"

此外，在面条上放置鸡蛋或鸭蛋也是一种传统做法。相传，古时候人们出远门时多乘小船，家人希望他们平安往返，早日与家人团圆。而鸭蛋有"压浪"的谐音，因此被用来寄托这一愿望。后来，随着食材的丰富，鸡蛋逐渐取代了长寿面上的鸭蛋，寓意着大吉（鸡）大利、团团圆圆。

过生日时吃长寿面，不仅象征着长长久久、全家团团圆圆的美好愿景，更是一种礼仪形式和文化习俗的传承。它承载着亲情与祝福，让人们在品尝美食的同时，感受到家的温暖与文化的深厚底蕴。

69. 中国民间为何习惯用桃祝寿？

桃，在生日吉祥物中的地位仅次于长寿面，被俗称为"寿桃"。关于寿桃的传说源远流长，其中很多与西王母有关。

传说中有一种仙桃，食用它可以延年益寿。这种仙桃种植在西王母的花园里，每3000年开一次花，再3000年结一次果，食用一枚就能增加600年的寿命。当仙桃成熟时，西王母会邀请所有神仙前来参加蟠桃宴会。东方朔曾三次偷食西王母的仙桃。汉武帝则得西王母赠仙桃4个。

据有关文献记载，汉代初修上林苑时，四方群臣纷纷贡献名贵的果树，仅桃树的品种就有金城桃、秦桃、紫文桃、绮叶桃等。随着桃树品种的增多，民间关于桃子的传说也越来越多。渐渐地，桃子成为吉祥福寿的象征，就连主宰人间寿夭的南极仙翁，也被传成了手上总是托着一个硕大寿桃的老人形象。

在庆祝老人寿辰时，人们常常会送上寿桃以表达对健康长寿的美

图 69-1 寿桃
清·琥珀摆件，寿桃雕刻精致，意吉韵祥。

154

图 69-2　寿桃（即墨面馍）

好祝愿。这一习俗据传是由孙膑开创的。

民间传说，孙膑在 18 岁时离家拜鬼谷子为师学习兵法，一去就是 12 年。某年的五月初五，他突然想起当天是母亲的 80 岁生日。于是，他向师父提出回家看望母亲的请求。在临行前，师父送给他一个桃子作为礼物，并说："你多年来一直在外学艺，未能尽孝于母，这个桃子你带回去给母亲祝寿吧。"孙膑回到家后，将桃子献给母亲。没想到母亲只吃了一半，突然整个人容光焕发，仿佛年轻了许多岁。这件事传开后，人们纷纷效仿，在父母生日时献上鲜桃以祈求健康长寿。然而，由于桃子的生长受季节限制，有时人们会用面粉制成面桃并染上红色来代替鲜桃祝寿。这一习俗至今仍在我国民间流传。

在传统的生日宴会或寿诞仪式上，人们会将鲜桃（或面桃）放置在寿堂正中的几案上，通常九只相叠为一盘，三盘并列摆放。有的还会在寿桃上面摆上"寿星背桃""娃娃拥桃"或桃形荷包等艺术作品以增加喜庆氛围。除了为老人祝寿外，在庆贺婴儿满月、百日（出生100天）和周岁生日时，人们还会将桃核雕刻成装饰品并系上彩色丝线系在婴儿的手腕上作为护身符以祈求长寿。

图 69-3　福寿如意吉祥图
图由蝙蝠、寿桃、灵芝组成，寓意吉祥。

70. 桃与"仙"有啥神秘渊源？

在中国传统文化中，桃或与桃相关的事物常被赋予特殊的象征意义，如桃木驱邪、桃枝消晦、桃花寓意爱情友情、桃园代表忠义道德，而桃子本身更是被认为食用后能延年益寿。

值得注意的是，在众多水果中，唯独桃子被誉为"仙果"。桃子在诸多神话传说中频频出现，且常被称为寿桃、仙桃。那么，桃子为何能获得如此崇高的称号呢？

谚语道："桃养人，杏伤人，李子树下埋死人。"这句话有些夸张，但也简洁地揭示了桃子的独特之处。在众多水果中，许多水果过量食用会对身体有害，而桃子却能让人吃后感到满足，且一直被认为有养胃生津、润肠、活血等作用。

那么，桃与"仙"有啥渊源呢？

首先，从神话角度看，"夸父逐日"的故事中，夸父因劳累过度而去世，他的手杖化为一片桃林。由于夸父被视为神的后代，拥有非凡本领，因此人们认为这片桃林所结的桃子具有神奇力量，食用后可获得力量。

其次，从宗教角度看，道教作为中国本土宗教，在其相关典籍中多次提及桃。

再者，民间传说中，每年的三月初三

图 70-1　鲜桃图
民国·淄博窑红绿彩盘，山东博物馆藏。鲜谐言"仙"，也称仙桃。

图 70-2　桃纹
民国·淄博窑黄地红绿彩茶盘，山东博物馆藏。

图 70-3　桃纹
清·粉彩瓷盘，图绘五桃三蝠、生动自然、寓福寿吉祥。

是王母娘娘的生日，此时会举办盛大的蟠桃宴。人们认为吃了蟠桃可以延年益寿。

此外，桃子本身的特点也是其被誉为"仙果"的原因之一。刚摘下的鲜桃子，色泽艳丽，口感极佳，每一口都充满了果香，让人回味无穷。

综上所述，"仙"字，道出了桃子的特殊性。古时，由于桃子培育困难，只有皇室成员才能享用，所以被平民百姓称为"仙桃"。古人还认为桃子是神仙钟爱的仙果，因此将桃子作为长寿、健康、幸福的象征。在为老人举办寿宴时，桃子成了不可或缺的水果。

图 70-4　桃献千年寿年画

图 70-5　香园寿桃年画
童子、寿桃、喜鹊组合在一起，寓意幸福、健康和喜庆。

157

71. 为什么生活在沼泽地的鹤常与松树出现在同一画面中?

在中国传统山水画和吉祥图案中,我们常常见到鹤与松树共同描绘的画面。然而,在自然生态中,鹤作为水禽,通常不会与松树一同出现,鹤站在松树上并不符合自然规律。那么,为何在传统艺术作品中,二者会如此频繁地相伴出现呢?

鹤在中国吉祥文化中占有重要地位,被认为是长寿的象征。古人赞美鹤的寿命悠长,如《诗经》中的"鹤鸣于九皋,声闻于野",以及《淮南子·说林训》中的"鹤寿千岁,以极其游"。鹤的外形优雅,羽毛洁白,被视为出世之物,是高洁、清雅的象征。古人认为,鹤寿无量,为羽族之长,常为仙人所骑,正如明代周履靖《相鹤经》所言:"(鹤)羽族之宗长,仙人之骐骥。"此外,明清时期一品文官的官服采用瑞鹤为图案,因此鹤也被誉为"一品鸟",地位仅次于凤凰。

若说鹤是飞禽中的"一品鸟",那么松则是植物中的"百木之长"。松树拥有诸多雅号,如长青之木、木公大夫(将"松"字拆开)、十八公(将"松"字拆为"十""八""公"三字)等。松树生长不择环境,四季常青,寿命极长,其终年苍枝翠叶、郁郁葱葱的形态也深受古人喜

图 71-1　松鹤延年木雕
江苏苏州同里崇本堂前楼隔扇门裙板。

右／图 71-2　松鹤延年图
清·丝绣图轴、松鹤组合、表达延年益寿的吉祥寓意。

何年老幹碧參參封飽閱風霜芥
綠濃野鶴棲殘濤謖謖仙人到
此應攜笻

趙啟豐

爱，古人称它"如幛，如屏，如绣画，似幢，似盖，似旌旗"。

当这两个长寿的象征——松树与鹤结合在一起时，便形成了"松鹤同龄"的俗语。这既体现了人们对长寿的向往和追求，也寄托了人们对美好生活的祝愿和期待。因此，"松鹤同龄"的说法在民间广为流传，成了祝福他人长寿的常见表达方式。民间也因此创作了许多描绘松与鹤的画作，以表达祝贺长寿的美好寓意。

图 71-3　松鹤延年图
北京颐和园乐寿堂前浮雕大铜瓶，上面雕刻着"松鹤延年"纹样。

72. 为什么许多家庭会为新生儿佩戴"长命锁"？

图 72-1　长命锁吉祥图
长命锁寄托着过去人们对孩子生命平安的祈愿，是长辈对晚辈的美好祝福。

为使孩子能平安健康地长大成人，从古至今流传下了许多保佑孩子的民俗，佩戴护身符是其中一种。这些护身符寄托了人们希望孩子健康长寿的美好祝愿，其中，"长命锁"就是非常典型的一种。

长命锁又称"寄名锁"。古代生活物资匮乏、医疗条件差，婴儿从出生到长大的过程中，常常会受到饥饿、疾病等恶劣因素的威胁。因此，人们会把孩子寄名为某某人的弟子，并用锁形饰物挂在项间，寓意借某某人的力量锁住孩子，保佑其健康成长。《红楼梦》第三回便描述了宝玉身上佩戴的"寄名锁"："（宝玉）仍旧戴着项圈、宝玉、寄名锁、护身符等物。"

关于佩长命锁的习俗，其历史可追溯至汉代。据《荆楚岁时记》《风俗通》《岁时广记》以及《留青日札》等古籍记载，汉代每逢五月初五端午节，家家户户都会在门楣上悬挂五色丝绳（也叫"长命缕"，可看作长命锁的雏形），以避不祥。到了明清时期，除了悬挂长命缕，还流行挂"寄名锁"。相传，只要挂上这种饰物，就能辟灾祛邪，"锁"住生命。因此，许多儿童从出生不久起，便佩戴这种饰物，直至成年。

图 72-2　百家保长命锁
民国·银质。

图 72-3 麒麟送子长命锁
民国·银质。

　　长命锁的材质多样，包括金、银、铜、玉等，其中银质最为常见，呈古锁状。长命锁的正、反面均刻有文字和图案。一般正面刻有"长命百岁""长命富贵""长发其祥""后生可畏" 等字样；反面则刻有麒麟、龙、虎、牡丹、八宝、莲花、祥云等图案。这些文字与图案表达了人们对幼儿平安、吉祥的美好祝愿。

　　如今，给孩子佩长命锁的习俗仍在流行，但已不再像过去那样需要长年佩戴。通常，在孩子的庆生仪式结束后，长命锁便会被摘下，放进抽屉里保存。这种习俗所传递的，是长辈对孩子深深的祝福和对孩子健康成长的殷切期盼。

73. "寿星"的形象为何突出大脑门?

寿星,又名老人星、南极老人星、南极老人、南极仙翁等,是民间传说中一位慈眉善目的老神仙,深受大人与小孩的喜爱。

在民间传说中,寿星的形象通常表现为弯背弓腰、身量不高、慈眉悦目、白须飘逸,一手拄着龙头拐杖,一手托着鲜桃的老者。例如,天津杨柳青年画《三星图》,寿星长头大额、白须飘拂,手执龙头拐杖,拐杖上挂着画轴和葫芦。后有福星,朝官装束,童子跟随。禄星身着员外服,手拿扇子,笑容可掬。前面还有两个抱桃童子,反映了民众对幸福长寿的祈望。又如河北武强年画中的寿星图,寿星手拄龙杖,托着仙桃,周围还点缀有蝙蝠,以及"福""寿"等篆体字,更加增添了吉祥的意味,突出了长寿的主题。还有天津博物馆收藏的象牙雕刻"寿星像",为一慈祥老翁形象,其身量不高,弯背弓腰,肉头广额。

图 73-1 寿星
清·象牙雕刻,天津博物馆藏。

图 73-2 寿星
清·河北武强年画,寿星银须拄杖,手托寿桃,笑容可掬。

图 73-3 寿星纹
浙江杭州胡雪岩故居"神游"门砖雕。

寿星大脑门的特点尤为突出，这与古代的养生术所营造的长寿意象紧密相关。例如，丹顶鹤的头部高高隆起，寿桃的形象也与之相近……这些长寿意象的融合与叠加，最终形成了寿星大脑门的形象。此外，古代人们普遍认为"天庭饱满"是福相，而寿星作为长寿多福的代表，其额头自然被描绘得丰满圆润，以体现人们对长寿和福气的向往。

图 73-4　南极老人
明·吕纪《南极老人图》（局部）。

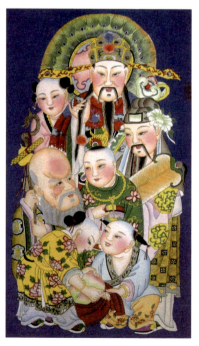

图 73-5　寿星图
天津杨柳青年画。

74."龟鹤齐龄 "的寓意是什么?

龟鹤齐龄也称"龟鹤齐寿"。龟、鹤都是代表长寿之物,古人把二者巧妙地结合起来,其吉祥寓意是祝人长寿。特别是长辈生日时,人们会用以"龟鹤齐龄图"为装饰的工艺品作为生日礼物敬奉长辈,表示祝福。

龟是一种水生动物,其腹背都有坚甲,头尾和四肢均能缩入甲内,耐饥渴,寿命长,在我国古代被视为高贵、神圣的灵物。南北朝时期,南朝梁的任昉在《述异记》中写道:"龟千年生毛。龟寿五千年谓之神龟,万年曰灵龟。"

在有关龟的最早文献中,就把龟甲的上盖比作天,下盖比作地。而古代以龟甲占卜预测各种事宜,将占卜结果写在甲骨上,称甲骨文,这是中国最早的文字。刻在甲骨上的文字被视为人与天地沟通的灵物。古人认为,龟有知天之道、寿命长短、四时变化等许多灵性,通过龟甲可以向天帝询问凶吉、预卜未来。

鹤,在民间被视为羽族之长,地位仅在凤凰之下。战国末年儒家学者浮邱伯在《相鹤经》中说:"大喉以吐故,修颈以纳新,故夭寿不可量。"鹤的喉咙很大,修长的颈项利于吐故纳新,故寿命长得不可估量。以追求长生为目标的中国传统养

165

图 74 龟鹤齐龄吉祥图

生之法素有练气之术，其中一种就是模仿鹤伸长脖子鸣叫的姿态来呼吸吞吐，这被称为"鹤伸"。清代陈淏子在《花镜》中说："（鹤）一百六十年则变止，千六百年则形定，饮而不食。"

鹤还经常作为仙人的坐骑出现，很多传说中的修仙者都是骑着鹤到处遨游。因此，鹤就愈发被认为是带来长寿福兆的瑞禽了，人们将鹤与龟并提，以"鹤寿""龟龄"喻人之长寿。

在吉祥图案中，鹤立于龟背上，名叫"龟鹤齐龄"。龟和鹤都象征着长寿，两者出现在同一画面中，自然也就寓意着寿上添寿了。

166

75. "耄耋富贵"有着什么样的吉祥寓意?

耄耋是指代老人的词语。根据《礼记·曲礼》的记载，人的年龄在不同阶段有不同的称谓：十岁称为"幼"，二十岁称为"弱"，三十岁称为"壮"，四十岁称为"强"，五十岁称为"艾"，六十岁称为"耆"，七十岁称为"老"，而年过八十岁的人被称为"耄耋"。

图 75-1　耄耋富贵吉祥图
以猫、蝴蝶、牡丹、寿石构图，象征人生富贵长寿、百年安康。

由山石、猫、牡丹和蝴蝶组合而成的图案，被称为"富贵耄耋"。其中，猫谐音"耄"，蝶谐音"耋"，牡丹则代表富贵，整个图案表达了对富贵长寿的美好祝愿。

　　在民间，也有以"耄耋富贵"为主题的舞蹈表演。特别是在山东省济南市，这种舞蹈深受人们喜爱。每逢元宵节，这里都会有十二人的团队走街串巷进行表演：其中五人手持插有牡丹花的花瓶，扮演五只花瓶；另有五人披着蝴蝶形状的道具，扮演五只蝴蝶；还有一人扮演猫，一人扮演鼠。舞蹈开始时，蝴蝶在花丛中穿梭舞动，象征着幸福欢乐的家园。随后，鼠上场偷偷摘花，却被赶来的猫捕获。最后，猫和蝴蝶在花丛中嬉戏舞蹈。整个舞蹈生动有趣，由唢呐、笙、笛和打击乐伴奏。

　　此外，"耄耋富贵"题材也常用于各类工艺品创作，作为赠送给高龄老人的祝寿礼物，它们既表达了喜庆、吉祥的含义，又寓意着对长寿的美好祝愿。

图 75-2　耄耋富贵图
清·北京平绣粉扑。民间常用以
耄耋富贵图为装饰的物品赠送长
者，以祝颂长寿、富贵。

76. 灵芝为何会演绎出许多传说?

传说,秦始皇为追求长生不老,曾派遣徐福带领三千童男童女前往蓬莱仙岛,寻找传说中的不死之药"灵芝仙草"。而在脍炙人口的《白蛇传·盗仙草》中,更是生动地描绘了白素贞为救许仙,冒险上仙山盗取灵芝仙草,许仙服后便得以"死而复生"的故事。

这些传说反映出古人对灵芝的深厚信仰,他们认为灵芝是世间难得的还魂仙草,具有救急扶危、起死回生的神奇功效。

灵芝是一种多年生的草本植物,因其稀有且多生于高山峡谷,形态奇特,故得名"灵芝""瑞芝""仙芝""神芝"等。服后"死而复生"自然是神话故事中对灵芝的夸张描述,它并非真正的"万能药",但其强身健体的效果并非古人空穴来风。现代科学研究证实,灵芝中富含稀

图 76-1 芝仙祝寿图
清·瓷胎画珐琅黄地茶碗,台北故宫博物院藏。黄地上绘灵芝、兰花及寿石,故名"芝仙祝寿"、象征吉祥。

有元素锗，能有效提升人体免疫力，具有抗癌、治癌的功效。然而，古代人因对灵芝具体药用的不了解，为其披上了一层神秘的面纱。再加上各种民间传闻的渲染与演绎，灵芝在人们心中逐渐成了一种"仙草"，诞生了许多与其相关的传说故事。

因此，虽然灵芝具有一定的药用价值和保健作用，但我们不能将其神话化，更不能将其视为能够"救急扶危、起死回生"的灵丹妙药。在使用灵芝或其他药材时，应遵循医生的建议和指导，确保安全有效。同时，对于任何疾病的治疗，都应采取科学、合理的方法，切勿盲目相信神话或传言。

图 76-2 芝兰图
明·缂丝。

77. 吉祥物中，松、柏为何常被一同提及？

松树和柏树都是树木，尽管它们的外形有些相似，但我们可以通过观察它们的叶片来轻松区分：松树的叶子为针状，较为尖锐；而柏树的叶子则呈鳞状，不仅不尖锐，反而相对柔软。

松树被誉为植物中的"百木之长"，其傲雪凌霜、冬夏常青的特性，使它成为坚贞不屈、高风亮节的象征。陈毅元帅曾以诗赞美青松："大雪压青松，青松挺且直。欲知松高洁，待到雪化时。"（《青松》）作为长青之树，松树理所当然地成了长寿的象征，人们常常将其视为追求长生不老、祈盼青春永驻的寄托物。因此，

图 77-1 松树图
民国·淄博窑青花红绿彩八棱茶盘，山东博物馆藏。

图 77-2　迎客松

图 77-3　柏树

在各种老人的生日仪式和贺礼中，松树常常以各种形式出现。

柏树与松树一样，具有丰富的吉祥寓意，它也是常见的生日吉祥物。例如，在祝寿时，送上一幅绘有松树与柏树的"松柏同春图"作为贺礼，是非常合适的选择。"柏"字可以拆分为"木"和"白"字，而"白"字又可组词成"清白"，清白又与"廉洁"相关联，蕴含坚贞有节、清正廉洁、刚正不阿等寓意。因此，古代将纠察百官的御史官署别称为"柏署""柏台"，这是吉祥寓意综合运用的实例。

在中国传统文化中，松树和柏树常常并称，被赞誉为"松柏常青"。这是因为它们都四季常青、绿叶如盖，正如孔子所言："岁寒，然后知松柏之后凋也。"

78. "寿石"是一种怎样的石头?

"寿石"实际上是石头的雅名。中国人爱石头,在园林布置、山水盆景制作中,都离不开石头。

寿石见于图画中,则带有明显的吉祥寓意。人们常将寿石与其他吉祥物组合在同一画面中以祝人寿。画着海中矗立的石或岩的图案,指的是东海的极乐仙境,画中多题吉祥语,如"寿比南山,福如东海";画有寿石、牡丹、桃花的图案,被称为"长命富贵图";画有寿石、菊花、蝴蝶和猫的图案,被称为"寿居耄耋图";画有寿石、绶带鸟和水仙的图案,

图 78-1　琼花湖石图
元·缂丝。图案表现的是琼花如同攒珠,枝干虬折;萱草、竹枝隐藏在湖石之后;湖石玲珑剔透、别具神韵。

被称为"代代寿仙图";画有寿石、玉兰（木笔）组合的图案，被称为"必得其寿图"等。

"寿石"以瘦、透、漏、皱、丑为贵。

瘦，指的是其形态纤瘦怪异、线条清晰、体态窈窕。"瘦"给人以骨感，在精神上给人一种坚贞凛然、英气勃发的感觉。

透，指其形态玲珑剔透、多孔多洞，仰俯观而多姿多势。古人云："石以玲珑透空者为上品，有洞左右或前后贯通，透中见深，透中见光。"寿石之透，在外表上给人一种洁净淡雅、怡然天趣的感觉。

漏，指其体态玲珑、连环透空。但它漏中见灵，灵现隽智，智有乖巧。"透""漏"应相连，有了透洞，自然会产生"漏"，洞少可漏月，洞多能锁云。

皱，指的是石头形状的起伏，其轮廓线条时隐时现、若明若暗、有虚有实，给人一种神秘感。

丑，则指奇石的自然天成。丑极则美，美极则丑。寿石丑而雄，丑而秀，乍看怪丑，实则异美。丑是璞而不雕，返璞归真。

寿石因其名称中有"寿"字，寓意着长寿和福祉。在传统文化中，将寿石用于装饰和摆设，蕴含着健康、长寿和幸福等寓意。

图 78-2　寿石
此石立于山东济南趵突泉内，为宋代遗石，细长形，有多个洞穴，似各种月形，夜晚月光透过洞穴洒在地上，形异多变。

因何谓之喜?

——中国人的喜庆观之问

79. 婚庆活动中,"喜"字为何要写成"囍"?

《说文解字》:"喜,乐也。"古时称喜为"凫藻", 如《后汉书·杜诗传》所述:"将帅和睦,士卒凫藻。"李贤注:"言其和睦欢悦,如凫之戏于水藻也。"也有称喜为"雀跃"的,《庄子》中有言:"鸿蒙方将拊髀雀跃而游。"陆德明释文:"司马云,雀跃,若鸟浴也;一云,如雀之跳跃也。"这些均以禽鸟的动态,喻指喜乐之情,实乃形象生动的表达。

民间喜欢喜事,早在北宋时期,人们便将"洞房花烛夜""他乡遇故知""久旱逢甘雨""金榜题名时"四事并列为"人生四大喜事",足见古人对婚庆喜事

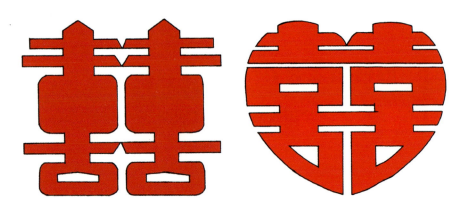

图 79 双喜字

的重视程度。民间婚庆活动中，常常用到由两个变形的"喜"字组成的红双喜——"囍"，以示男女双庆、新婚美好，具有热情吉祥的意义。

"囍"可与其他多种图案组合，形成各种装饰图案，主要用在婚礼庆典场合的喜帖和与婚事相关的各类器物上，其他一切喜庆活动也可使用双喜字，以增添欢乐的气氛。

通常，嫁娶之家会在门口、窗户、娶亲车辆及新房中张贴众多"囍"字。其中，屋顶四角的"囍"字，常倒置以取其谐音"到"，俗称"喜到"。新婚被褥上，也常织有"龙凤双喜"或"双凤双喜"的图案，分别展现龙凤围绕"囍"字或双凤围绕"囍"字的吉祥景象。

80. 人们布置新房为什么喜欢贴"双鱼窗花"？

我国传统观念认为，"喜"是一种感情，是"人之情"的一种表现。《礼记·礼运》云："何谓人情？喜、怒、哀、惧、爱、恶、欲七者，弗学而能。"作为人的一种基本情感，"喜"深植于人们的内心活动和感情世界，形成了丰富的文化现象。喜庆文化在中华大地上广泛存在，不断衍生，深刻影响着人们生活的方方面面。

鱼是吉庆的象征，家中喂养灵活游动的鱼，不仅为家庭带来勃勃生机，更能寄托年年有余的美好愿望。在中国吉祥文化中，双鱼作为重要的符号，象征着和谐、美好的未来。在古代，双鱼更被视作道德、宽容和牺牲精神的象征。其中，一条鱼代表个体，两条鱼则寓意着人与人之间的互动与关爱。

人们在布置新房时，常常喜欢贴上"囍"字及双鱼窗花。早在湖北京山屈家岭文化遗址出土的新石器时期纺轮上，就发现了双鱼纹的图案，这种图案神似两条鱼围绕圆心互相追逐的形态，被认为是"喜相逢"图案的雏形。成熟的喜相逢图案，在很大程度上是太极图的变体。太极图，亦称阴阳鱼图，尽管名为"阴阳

图 80-1　双鱼囍字窗花

图 80-2　双鱼囍字窗花

鱼"，实际上并非真正的鱼形，而是因其图形与鱼相似，民间便赋予其这一俗称。

　　阴阳常被用来比喻男女关系。对于不太了解太极图学说的普通百姓而言，阴阳鱼图便是对男女关系的直观诠释。而其构成的固定形态象征着圆满，两两相对又符合民间推崇的吉祥双数观念。因此，也就不难理解为何人们在布置新房（尤其是婚房）时，会喜欢贴上"双鱼"窗花了。

81. 传统中式婚礼为何要点红蜡烛？

在我国的传统文化中，红色象征着吉祥与喜庆，因此红蜡烛在婚礼上扮演着重要的角色。除了寓意喜庆、吉祥外，在民间信仰中点红蜡烛还有辟邪的作用。那么，在婚礼中点红蜡烛有啥讲究和寓意呢？

第一次点烛：蜡烛象征着新郎、新娘的生命以及双方家庭的幸福，这通常由双方的母亲、朋友或儿童共同点燃。

图 81-1　龙凤蜡烛

图81-2　婚礼红烛

　　第二次点烛：此时，新郎、新娘从已点燃的家庭之烛引火，点燃婚姻的蜡烛，这代表着他们从此成为不可分割的一体。

　　第三次点烛：双方家庭的家人分别点燃分立于两旁的蜡烛，这些蜡烛代表着新郎、新娘此前的生命历程。烛光象征着他们从父母那里继承的信心、智慧和爱心。

　　第四次点烛：新郎、新娘共同点燃中间那根合一的蜡烛，这象征着他们的生命已成为不可分割的整体。当中间的蜡烛被点燃后，旁边的蜡烛继续燃烧，这寓意着他们仍需完全接纳彼此的不同特点，以实现相辅相成的和谐共处。

　　结婚时点红蜡烛还有以下深层寓意：一是渲染气氛，婚礼中的蜡烛通常在特定的时刻点燃，如洞房花烛时，它们能够营造浪漫而温馨的氛围，使新人之间的感情更加深厚。二是延续香火，新人常请自己的父母点蜡烛，这寄托着对家族香火延续、早生贵子的美好愿望。三是龙凤呈祥，点龙凤蜡烛在中国传统观念中寓意着望子成龙、望女成凤，是对新人未来美好生活的祝愿。

82. "四喜" 指哪四种喜事?

　　看到"四喜"二字，许多人会不由自主地联想到"四喜丸子"。四喜丸子是中国传统菜肴之一，由四个色、香、味俱佳的肉丸子组成，寓意着吉祥如意、团圆美满。在中国传统文化中，圆形的丸子代表着团圆和美满，而四喜则代表着福、禄、寿、喜四种吉祥的寓意。因此，在中国的婚礼、生日等喜庆场合，人们常常会食用四喜丸子，以祈求幸福美满、吉祥如意。

　　人生四喜出自北宋汪洙的《神童诗·四喜》："久旱逢甘雨，他乡遇故知，洞房花烛夜，金榜题名时。"这首诗道出了当时人们心目中的四件特大喜事。

图 82-1　四喜图
山东莱州民间剪纸，由四个蝴蝶围绕一"禧"字，取"四喜"之意。

"久旱逢甘露"指长时间的干旱后，终于迎来了雨水的滋养。农业被看作国计民生的根本，大旱之后的甘露，自然就是一件大喜事。

"他乡遇故知"指在远离家乡的地方碰见了老朋友。人们为谋生计或求功名，如果在他乡意外遇到自己的同乡或知己，怎不令人欣喜若狂呢？

"洞房花烛夜"指古代新婚夫妇结婚的当天晚上举行的仪式。这在今天依然是人生的头等喜事。

"金榜题名时"指科举考试中被录取。对于古代士子来说，金榜题名是他们向上攀升的象征，是一种自我价值的实现。

说完人生四喜，我们再来看看家中"四喜"指的是什么？

"宅子现四喜，家中出能人"意味着家中若出现这四喜，好运即将来临。一喜是"喜鹊报喜"，喜鹊在枝头鸣叫，预示着将有好事发生；二喜是"燕子筑巢"，燕子选择在家中筑巢，说明家里环境好，是家庭和谐兴旺的象征；三喜是"枯木逢春"，干枯的树木重新焕发生机，寓意着所期盼的事情有了新的希望；四喜是"旺狗来福"，狗是吉祥的动物，其叫声"汪汪"与"旺"谐音，家中突然来狗被视为财富来临的吉兆。

图82-2　四喜人玉雕
明·黄玉雕刻，造型虽由两人组成，但从四面看去，每面都为一童，故为"四喜人"，生动地表现出人们对人生四喜齐备的盼望。

83. "并蒂同心"中的"并蒂"指什么?

中国传统吉祥图案中,描绘了一支花梗上开出两朵莲花的图案被称为"并蒂同心"。这种图案通常用以比喻夫妻恩爱、形影不离、白头偕老。其中,"并蒂"即指两朵(或以上)的莲花并排地长在同一根茎上,这种花又称"并头莲",为荷花品种之一。《元曲选·无名氏〈连环计·二〉》:"池畔分开并蒂莲,可堪间阻又经年。鹣鹣比翼难成就,一炷清香祷告天。"并蒂莲也作并头莲,见元王实甫《西厢记》:"地生连理木,水出并头莲。"

图 83-1　并蒂莲
山东济南大明湖并蒂莲花。

南朝梁沈约所撰《宋书·符瑞志》中，记载了关于并蒂莲的故事："文帝元嘉十年七月己丑，华林天渊池芙蓉异花同蒂。"古时，并蒂莲被称为"二莲一带""二莲合华""二莲同干""一茎两花"等。并蒂莲被视为天降的吉祥之兆，因此也被称为"嘉莲"。每当嘉莲出现，古时的地方官会将其视为喜事向朝廷禀报，并将花朵采摘下来进献给皇帝。

并蒂莲是荷花中的珍品，无法人工培植，只能自然长成。一个花头上生出两朵莲花，还未绽放时，花苞相互望着，开放后脸挨着脸，在一池的荷花中，显得尤其可爱，自古以来便受到特别的关注和喜爱。花数不同的并蒂莲各有其名，两朵的称为"双萼并头"，三朵的称为"三花品字"，四朵的称为"四面拜观音"等。其中，双花并蒂莲的寓意最为吉祥，它不仅象征着年景的美好、君主的贤德，同时也象征着爱情坚贞、婚姻美满。

古人曾想尽办法，想让所有的莲花成双成对，但都没有成功，才不得不相信这是自然的造化。凡是出现并蒂莲的地方，一定是莲花茂盛，所以并蒂莲又有丰产和风调雨顺的祥瑞征兆。

"并蒂"与"同心"的结合，主要象征着对相爱男女的双重祝福，寓意着他们同心同德和婚姻美满。

图 83-2　并蒂同心吉祥图
一个莲茎上开出两朵莲花，比喻夫妻恩爱、形影不离、白头偕老。

图 83-3　并蒂同心吉祥图

84. "喜上眉梢"与喜鹊有什么关系?

喜鹊属于鸦科鹊属,是我国传统吉祥鸟类中最为人们所熟悉和喜爱的一种,被视为"喜鸟"。

古人认为,喜鹊有预知气候和避免灾厄的能力。《易经》称"鹊者阳鸟,先物而动,先事而应"。喜鹊不喜欢阴天,天晴则鸣叫,所以被视为"阳鸟",又名"乾鹊"。《淮南子》中说:"鹊巢知风之所起……鹊识岁多风,去乔木,巢傍枝。"意指喜鹊能预测风向,若

图 84-1 双喜闹梅图
江苏苏州崇本堂前楼隔扇门裙板图案、该图也称
"喜相逢"。

图 84-2 喜上眉梢吉祥图
喜鹊之"喜"借为喜事之"喜",梅梢谐音"眉梢"。指人逢喜事时欢喜、高兴之表情。"喜上眉梢图"寓意喜事盈门,欢天喜地。

图 84-3 喜上眉梢图
清·河北武强灯画。

图 84-4　梅花纹瓷盘
清·淄博窑青花黑彩瓷盘，山东
博物馆藏。

图 84-5　喜鹊梅花纹瓷盘
清·淄博窑青花黑彩瓷盘，山东
博物馆藏。

预知第二年多风，它会事先避开高大的乔木，选择在较低的树杈上筑巢以避风。

后来，喜鹊的感应预兆本领逐渐被人们赋予了象征意义，主要表现为预示客人的到来和预示喜事的到来。

各地多有喜鹊预示客人到访的俗谚，如河南的"喜鹊叫，亲人到"；山东的"喜鹊叫，来报喜，不是来财就是来亲戚"。再如《西京杂记》引用陆贾的话："乾鹊噪而行人至，蜘蛛集而百事喜。"

喜鹊预示喜事的到来，可见于王仁裕《天宝遗事·灵鹊报喜》："时人员之家，闻鹊声，皆曰喜兆，故谓灵鹊报喜。"《宋书》也记载说：徐羡官拜司空时，有两只喜鹊在太极殿的飞檐上鸣叫。

此外，民间传说中还有牛郎、织女七月七日鹊桥相会的动人故事。后世称沟通男女姻缘为"架鹊桥"。

"喜上眉梢"这一成语形象地描述了人们喜悦的心情从眉眼间流露出来的状态。民间有很多以这一成语为题材的吉祥画，画中常描绘两只喜鹊栖息于梅花枝头，正有着报喜的吉祥寓意。由于"梅"与"眉"谐音，且梅花在百花中率先绽放，象征着春天的到来，而梅枝上的喜鹊更是喜的象征，喜鹊张嘴鸣叫仿佛在报喜。喜鹊报喜，梅花绽放，春天来临，人间充满喜悦。

85. 为什么中国人喜欢"龙凤呈祥"这一吉祥题材？

龙和凤是我国传统文化中最为尊贵吉祥的两种想象生灵，龙为鳞虫之长，凤为羽族之尊。龙和凤组合在一起，便构成了寓意深远的"龙凤呈祥"。

龙是我国古代传说中的神异动物，身体长，有鳞、有角、有爪，能走、善飞、能游，还能兴云降雨。其形象特点鲜明，宋代罗愿《尔雅翼》描绘其形曰："龙者，鳞虫之长。王符言其形有九似：角似鹿，头似驼，眼似兔，项似蛇，腹似蜃，鳞似鱼，爪似鹰，掌似虎，耳似牛。"

龙的图案历经演变，各代特征分明。先秦时期，龙的形象质朴粗犷，多数没有脚爪，近似爬虫类动物。到了秦汉时期，龙纹多呈兽形，肢爪齐全，形态似虎似马，常作行走状。隋唐时期，龙的嘴、角和腿部变长，尾部似蛇。宋代与唐代相近，龙的下颚开始上翘。元代时，龙的形象开始出现飘拂状的毛发。明代龙的造型更为丰富，头上毛发上冲，龙须或外卷或内卷，并出现风车状五爪。清代龙的图案更加繁复，龙头毛发横生，出现锯齿形腮，尾部增添了叶形装饰等。

图 85-1　龙凤呈祥吉祥图

图 85-2　龙凤呈祥木雕
北京雍和宫木牌坊上的浮雕，龙与凤似在翩翩起舞，一派祥和气象。

187

西周青铜器上的龙纹

秦代空心砖上的龙纹

唐代银器上的龙纹

北宋银器上的龙纹

元代瓷器上的龙纹

明代服饰上的龙纹

清代石刻凤尾龙

当代吉祥图案升龙纹

图85-3　龙形演变图

188

立凤纹吉祥图案

坐凤纹吉祥图案

翔凤纹吉祥图案

丹凤纹吉祥图案

云凤纹吉祥图案

团凤纹吉祥图案

草凤纹吉祥图案

图 85-4　凤的不同姿态

凤凰是中国古代神话中的百鸟之王、四灵之一。雄鸟为"凤"，雌鸟为"凰"，统称为"凤"或"凤凰"。凤凰是古代社会人们想象中的保护神，其形象被描述为头似锦鸡，身如鸳鸯，它拥有大鹏的翅膀、仙鹤的腿、鹦鹉的嘴和孔雀的尾。作为百鸟之首，凤象征着美好与和平。

凤的图案通常被表现为首与翼皆赤的丹凤、站立的立凤、姿态端正的坐凤、身体蜷成圆形的团凤、呈飞行状态的翔凤、形态呈云形或与云组合在一起的云凤、全身羽毛都呈卷草形式的草凤等。

龙与凤组合的图案历史久远，早在战国时期就有《人物龙凤图》帛画。这幅帛画于1949年出土于湖南长沙陈家大山楚墓，画中人物长袍细腰，头梳盘髻，双手合掌作祈祷状。她的上方有一只凤鸟，呈飞起状，凤的前端有一龙，势如扶摇直上，均为吉祥图腾之物。这一组合图案在历朝历代都备受欢迎，成为固定的搭配。随着龙逐渐被用作皇帝的标志，成为男性的象征，与龙相配的凤也相应地转化成了女性的象征。在皇家，龙、凤分别指代帝、后；在民间，则分别指代男、女。

"龙凤呈祥"图案表现为一龙一凤相对组成圆形图案，龙位于左上，凤位于右下，寓意阴阳和谐、喜庆吉祥、团圆美满。这一图案多用于装饰婚嫁的场合和用品，象征着高贵、华丽、祥瑞、喜庆和幸运。

图 85-5　人物龙凤图

战国·《人物龙凤图》帛画

湖南省博物馆藏。

86. "鸳鸯"在中国吉祥文化中有何象征意义？

鸳鸯，古人称为匹鸟，鸳雄鸯雌，以其形影不离的特质展现了它们深厚的情感。它们飞则同振翅，游则同戏水，栖则连翼交颈而眠，成为自然界中坚贞不渝的典范。据说，一旦鸳鸯中的一方丧偶，另一方便会孤独终老，不再寻觅新的伴侣，这种忠诚与执着令人动容。唐代诗人李德裕在《鸳鸯篇》中写道："和鸣一夕不暂离，交颈千年尚为少。"

图 86-1　鸳鸯戏水吉祥图
鸳鸯多雌雄成对生活在水边，因此人们常以鸳鸯指代夫妻恩爱、形影相随。

鸳鸯的雄鸟毛色鲜艳夺目，而雌鸟则以灰褐色为主，形成鲜明的对比。它们在水面上相亲相爱，悠闲自得，时而跃入水中嬉戏，时而爬上岸边抖落水珠，用橘红色的嘴精心梳理羽毛。这相亲相爱的场景，在中国文艺作品中被赋予了深厚的情感寓意，成为纯洁爱情的化身。人们常用鸳鸯来比喻相爱的男女，寓意着爱情的坚贞与美好。

图 86-2　鸳鸯戏水木雕
江苏苏州同里崇本堂前楼隔扇门裙板图案。

除了象征爱情，鸳鸯在中国文化中还有另一重意义——指代兄弟情谊。汉代《苏武诗四首》中便有这样的诗句："骨肉缘枝叶，结交亦相因。四海皆兄弟，谁为行路人。况我连枝树，与子同一身。昔为鸳与鸯，今为参与辰。"诗人用鸳鸯和参与辰作对比，表达了兄弟间过去亲密无间，如今却像参与辰一样彼此疏远的感慨。

在艺术表现中，"鸳鸯戏水"为吉祥图案的常见题材。它描绘了一对鸳鸯在荷花丛中悠然自得地游弋的场景。由于"荷"与"和"谐音，这一图案常被用来寓意和和美美、和谐幸福。此外，还有鸳鸯配长春花的图案，象征着长久的安宁与快乐，被称为"鸳鸯长安""鸳鸯长乐"。而鸳鸯在荷池中顾盼戏游的图案，则叫作"鸳鸯戏荷""鸳鸯喜荷"，传递着欢乐与喜庆的氛围。

87. "吹箫引凤"是谁在吹箫？谁在引凤？

　　"吹箫引凤"的典故源自汉代刘向的《列仙传》。传说在春秋时期，秦国国君穆公有一个女儿，名叫弄玉，她酷爱音乐。当时，秦国有一位名叫萧史的人擅长吹箫，其箫声常常能吸引百鸟飞至庭院中翩翩起舞。秦穆公因此将萧史招为女婿。在萧史的指导下，弄玉吹奏的箫曲竟然引来了凤凰。秦穆公因此为二人修建了一座凤台。某日清晨，萧史与弄玉二人乘凤凰升天而去。民间认为萧史和弄玉因共同的爱好而走到一起，过上了和谐美满的婚姻生活。因此，"吹箫引凤"成了象征美好姻缘的吉祥题材。

　　"吹箫引凤"的故事在民间广泛流传，得益于明代冯梦龙所著的《东周列国志》。其中第四十七回"弄玉吹箫双跨凤，赵盾背秦立灵公"对《列仙传》中简短的描述进行了生动的渲染，将其描绘成一个色彩斑斓的神话故事。原本的简单故事，在这里变得更为丰满，叙述了秦穆公亲自到太华山寻访异人，并最终选定了萧史作为女婿的经过。

　　明代画家仇英绘制的《吹箫引凤》展现了箫声引来凤凰的壮观场景，整个凤台的全景画面宏伟壮丽——云遮雾罩的半山腰中，皇家

图 87-1　弄玉与萧史

图 87-2　吹箫引凤图
明·仇英《吹箫引凤》（局部）。

楼宇、亭台辉煌壮观，平台上秦穆公端坐椅上，听着女儿吹箫如醉如
痴。画中人物布局错落有致，衣纹精细而流畅，整体形象精美艳丽。
两只凤凰自远处飞来，凤凰、云雾、山峦交错，画面显得仙气十足。
这幅画作可能是所有同类题材画作中最知名的。

　　萧史与弄玉吹箫引凤本来是个寻仙问道的故事，但是在老百姓看
来，萧史和弄玉因共同的爱好而结合，过上了琴瑟和鸣的婚姻生活，
这更值得称羡。

88. 喜庆之神"和合二仙"指的是谁?

图 88-1　和合图
荷谐音"和"、盒谐音"合"、
取和谐合好之意。

自古以来，人们就追求家庭和睦、社会和谐的氛围，因此，以"和合"为主题的吉祥图案、木雕、刺绣、剪纸和木版年画等深受人们喜爱。

"和合"意指和睦、和气，后来成为我国传统吉祥文化的名号。关于此吉祥文化的来历，有两种说法：其一，和合为一人，即唐代僧人万回；其二，和合为两人，即唐代天台山国清寺的和尚寒山和拾得。

传说唐代有个僧人姓张，此人生性痴愚。他有个哥哥在边关当兵，久无音讯，其父母日夜涕泣想念，于是他出门如飞，一日往返行万里，带回一封哥哥亲笔写的家书给父母，他因此被人称为"万回"。民间传说万回是菩萨转世，因犯错而被佛祖贬到人间，人们认为他能未卜先知，排解祸难。因他多有神迹，死后被唐明皇封为圣僧，后人视其为"团圆之神"，称之"和合"。明代田汝成《西湖游览志余》云："宋时，杭城腊日祀万回哥哥，其像蓬头笑面，身着绿衣，左手擎鼓，右手杖棒，云是和合之神，祀之可使人在万里之外，亦能回家，故曰万回。今其祀绝也。"

大概在明末清初，"和合二仙"被传为两人——寒山和拾得。寒山和拾得是隐居天台山的僧人，交情甚笃。据传，两人曾同住一

图 88-2　和合二仙吉祥图

195

村，亲如兄弟。后来，两人爱上了同一位女子，但互相并不知情。当拾得决定与那位女子成婚时，寒山才得知此事，深感痛苦，于是选择出家到苏州枫桥。后来，拾得得知此事，便舍弃情爱，追寻寒山至江南。两人重逢后，感情更加深厚，一同开山立庙，名为"寒山寺"。清代，雍正皇帝正式封寒山为"和圣"，拾得为"合圣"，和合二仙从此名扬天下。随着时间的推移，和合二仙逐渐演化为掌管婚姻的喜神，象征着"欢天喜地"。

民间"和合二仙"主题的吉祥图通常寓意着家庭和睦、幸福美满。图案内容一般为两个扎着丫角髻的胖娃娃，一个身穿红缎子衣服，一个身穿绿缎子衣服；也有的"和合二仙"吉祥图表现的是两位蓬头笑面的僧人，欢喜自在。

图88-3　和合二仙木雕
清·木雕。二人身着宽袖大衣，一人捧盒，一人提花篮，形象憨厚淳朴，衣着简洁，活泼可爱。

因何谓之财？

——中国人的财富观之问

89."财"字是怎么来的？

"财"乃形声字也。观其小篆字形，左为"贝"，意指钱财，因为古代以贝壳为货币；右为"才"，标明其读音。古人用"财"通"才"，意为才能、才干。"财"又通"裁"，有裁成、裁制之意，例如《易经·泰卦》云："天地交泰，后以财成天地人道。"而"财"之本义，指财物，这一基本含义自古至今沿用不衰。

谈及"财"，不能不提与"财"相关的俗语，其中就包括了"利市"二字。所谓"利市"，就是指好运、吉利、顺利，比如常说的"讨个利市"。同时，"利市"也指做生意得到的利润。《易经·说卦》中就有记载："（巽）为近利，市三倍。"后来人们用"利市三倍"来形容做

图 89　篆书"财"字
字形参考吴昌硕《修震泽许塘记》。

买卖获得丰厚的利润。此外，"利市"还
可以用来表示吉利和运气，或者是喜庆节
日的喜钱。

在现实生活中，"财"扮演着举足
轻重的角色。财富的概念范畴已不仅仅局
限于物质的层面，更是扩展到了心理和信
仰的层面。人们的社会生活与钱财密切相
关，即便是最基本的生活需求，也离不开
"财"的支撑。

与财相关的吉祥图案，寄托了人们对
富有与运气的向往。它们不仅具有审美价
值，更象征着人们对财富的追求应当充满
乐观平和的态度，且应讲究信义。

90. "刘海戏金蟾"中的金蟾真的存在吗?

蟾蜍,俗称"癞蛤蟆"。虽然民间有"癞蛤蟆想吃天鹅肉——净想好事"的歇后语,用来形容不切实际的想法,但这并不意味着所有蟾蜍都被视为不切实际或低劣的象征。

实际上,在古代神话中,蟾蜍被赋予了极高的地位。特别值得一提的是,神话传说中常提及月亮上有蟾蜍存在,因此月亮也常用蟾窟、蟾魄、蟾轮等词代称。与月亮相关的事物,如蟾光(月光)、蟾宫(月宫)、蟾阙(月宫)、蟾桂(蟾宫之桂)等,也都以"蟾"字命名。

在众多蟾蜍中,有一种被认为是灵物的三足大蟾蜍,被唤作"金蟾"。古人深信得到金蟾可以致富,因此以金蟾形象制作而成的工艺品寓意着财源兴旺、幸福美好。尤其是与外号"海蟾子"的仙人刘海相关的传说中,金蟾更是扮演了重要角色。

图 90-1 刘海戏金蟾
清·竹雕,刘海右手托蟾,面带笑颜,
形象生动。

图 90-2 刘海戏金蟾年画

传说中，刘海是五代时期的人物，曾担任过燕王刘守光的国相。后来，他跟随钟离权、吕洞宾学道成仙，并获得了"海蟾子"的称号。后世的人们将他视为福神。在吉祥图中，刘海通常被描绘成一位活泼少年的形象，而他与金蟾的特殊联系则体现在"刘海戏金蟾"的图案中。这一图案展示了刘海手执串联金钱的绳索，像钓鱼一样戏钓金蟾的场景。这种图案也被称为"刘海撒钱"。在其他与招财利市相关的吉祥图案中，也常能见到这种三足金蟾的形象，它们都被视为财富的象征。

　　那么，现实中的三足大金蟾真的存在吗？其实，三足金蟾的形象只是来源于古代的神话传说。在现实生活中，并没有自然生长而成的三足蟾蜍。人们之所以这么说，只是借用这个故事来赋予三足金蟾旺财的象征意义。因此，当人们在住宅或店铺内摆放三足金蟾时，他们实际上是希望借助这一象征物来祈求招财进宝、财源广进。

图 90-3　吐钱金蟾

图 90-4　刘海戏金蟾
民间刺绣桌围（局部）。

91. "财神"指的是谁?

图 91-1　财神
清·陕西凤翔年画。

著名民俗学家乌丙安先生在《中国民间信仰》一书中指出,财神崇拜是最普遍的世俗信仰之一。尽管财神信仰的源头已难以考证,但自宋代市商发展以来,较早的专司财利之神"利市仙官"便已经出现,元时又有了利市婆官(利市仙官的配偶神)。明代则传说招财进宝利市之神是赵公元帅,即赵公明,名号为"金龙如意正一龙虎玄坛真君",又称"赵玄坛"。

财神虽非地位最高的神灵,却深受中国民间欢迎,成为社会各阶层的共同信仰。过年期间,家家户户都会悬挂财神像上香祭拜,人们燃放鞭炮迎财神,祈求财源滚滚、大吉大利。

在民间信仰中,财神有多种分类和说法。既有"正财神",又有"偏财神","正财神"中有"文财神"和"武财神"之分。文财神主要有两种说法:一是比干——商纣王的叔父,因忠耿无私,被百姓尊为商人的保护神;二是范蠡——春秋时越王勾践的谋臣,因经商致富并乐善好施,被后人奉为财神。武财神同样有两种说法:一是赵公明,被《封神演义》描述为统领众神掌管财库的神仙;二是关公,因忠义仁勇被尊为财神,尤其被商人视为信义的象征。

图91-2　争请财神到我家、堆的银子白花花
清·山东潍坊杨家埠木版年画。

此外，民间还有五路神、五显神、利市仙官等作为财神的代表。利市仙官在《封神演义》中名为姚少司，是赵公明的徒弟，被姜子牙封为迎祥纳福之神，因此也被视为财神和福神的结合体。

无论哪一种财神，都承载着人们对富裕生活的向往和追求。在生产力低下的时代，敬奉财神的民俗相当普遍。旧时，除夕之夜家家户户都要迎财神，初二还要祭财神，这些民俗传统活动体现了人们对财富和幸福的渴望。

92. "摇钱树"真的存在吗？

摇钱树，这个传说中的神奇植物，能生长钱币，成为无数人梦寐以求的财富之源。在旧时春节期间，家家户户会在松枝、万年青等植物上挂铜钱，扎成摇钱树，置于家中显眼位置，或用红纸剪成摇钱树的图案，贴在门窗之上，以此祈求来年财源广进。

图 92-1 摇钱树
清·四川绵竹年画。传说摇钱树能结金钱，摇落后会再生。

在中国民间年画中，摇钱树的形象屡见不鲜。画中常作一棵挂满了铜钱的大树，树顶有金龙吐钱，树下则有几位童子在嬉戏玩耍，或拾取金钱，或手持"一本万利"的条幅。这些画面都寄托着人们对财富的渴望和美好生活的向往。

民谣唱道："摇钱树，聚宝盆，日落黄金夜装银。"人们将现实中果树结果的特点加以放大和想象，将果树结果的过程转化为摇钱树摇落金钱的神奇景象，体现了人们对金钱和财富的向往。

能生金钱的摇钱树当然并不存在，但人们可以按照自己的想象设计一棵摇钱树。例如，北京旧俗中，人们会在岁末取回松柏树枝插在瓶中，挂上古钱、元宝、石榴花等物品，以此象征一棵摇钱树。

在出土文物中也有古人设计的摇钱树。例如，四川省绵阳市何家山2号汉墓出土的青铜摇钱树，通高198厘米，整体由基座、树干、树冠等共29个部件衔接扣挂而成。这棵摇钱树以青铜管作树干，插在浮雕天禄、辟邪纹的陶座上，枝叶分插在树干套管上，树顶西王母正将"不死神丸"献于凤鸟，树枝上满布铜钱。墓中随葬摇钱树，正是汉代人渴求财富的一种生动体现。

图 92-2　摇钱树
东汉·青铜树，绵阳博物馆藏。

205

93. "聚宝盆"中盛的是啥宝物?

聚宝盆,这一传说中的神奇盆子,据说拥有聚生宝物的能力。"聚生"是指种下种子便能结出"籽"来,而且这些籽会生生不息、取之不尽。

盆是现实中存在的物品,而聚宝盆则是人们根据自己的美好愿望想象而来的,它只存在于传说中。关于聚宝盆的传说故事主要有两种类型:一种是民间幻想故事,另一种则是与历史人物密切相关的传说故事。在这些故事中,主人公往往都是赫赫有名的巨富,其中最为人所熟知的便是明代富豪沈万三。

明代初年有一个名叫沈万三的人,心地十分善良。传说有一天夜里,他梦见一群青衣人向他求救。次日清晨,他起床后见到一名渔夫捕获了满满一竹筐的青蛙,正准备宰杀。沈万三感到这些青蛙十分可怜,又联想到昨晚的梦境,于是出钱将全部青蛙买下,并释放到自家屋后的池塘中。当天夜里,池塘里的青蛙喧闹不已,搅得沈万三一家无法安睡。次日清晨,他前往驱赶,只见青蛙们围着一个瓦盆不肯离去。他感到十分奇怪,便将瓦盆打捞上来,青蛙们才逐渐散去。沈万三将瓦盆带回家中,他的妻子在洗手时不慎将银簪落入瓦盆,还未等她取出,盆中便瞬间聚满了数不尽的银簪。这时他们才恍然大悟，原来这个瓦盆是青蛙为感谢他们的救命之恩送来的宝物。

然而，沈万三真的拥有聚宝盆吗？沈万三作为历史人物，其财富来源可能涉及多种因素，包括他的商业才能、对市场的敏锐洞察、与权贵的关系等，而聚宝盆显然是一种玄幻的说法。聚宝盆的故事仅仅是人们对美好生活的向往和期盼，并非真实存在。

聚宝盆中的"聚"字，含有"聚集""蓄积""汇合"之意，因此，聚宝盆也被赋予了"招财进宝""招财利市"的美好寓意。聚宝盆之"宝"，则可以指代各种财宝。这些财宝可能是金银财宝、珍珠玛瑙等物质财富，也可以是好运、幸福和成功等精神财富。

聚宝盆的形象经常出现在年画、剪纸、雕塑等民间艺术作品中。通常描绘的是一个大盆，盆内装满了金银财宝，盆外则绘有如意、珊瑚等图案，寓意着财源广进、生活富足。

图 93-1　聚宝盆吉祥图

图 93-2　聚宝盆
天津市传统剪纸。

94. "元宝"是啥形状?

　　元宝,是中国古代钱币的一种常见称呼,尤其在唐宋时期被广泛使用。元宝两字前常冠以年号、朝代等,铸于币面。《旧唐书·食货志》记载:"武德四年七月,废五铢钱,行开元通宝钱……开元钱之文,给事中欧阳询制词及书,时称其工。其字含八分及隶体,其词先上后下、次左后右读之。自上及左回环读之,其义亦通,流俗谓之开通元宝钱。"实际上,元宝之名源于唐人将"开元通宝"误读为"开通元宝"。

　　在过去,较大的金银锭也称作元宝。元宝的形状通常是底小上大,两头翘起,中间凹下。金元宝一般重五两或十两,而

图 94-1　金元宝吉祥图

图 94-2 银元宝
银元宝被视为财富的象征，能够
带来财富和好运。图为元代银元
宝和银锭。

图 94-3 金饭碗
金饭碗里盛满金元宝，寓意吉祥。

银元宝通常重五十两。元宝作为财富和吉祥的象征，在清中叶以后，必须经过公估局的鉴定，明确其重量和成色后，才能流通。其中，金元宝多用于保藏，较少流通。

与元宝相关的吉祥图案，除了描绘元宝本身的形状外，通常还会在元宝上绘制光芒，以展现其光泽。这样的设计不仅增加了艺术形式的多样性，也避免了元宝造型的单调，使图案更加生动和吸引人。

95. 过年时为什么要道一声"恭喜发财"?

俗谚有云:"招财童子至,利市仙官来。马驮千倍利,尽进四方财。"春节时,人们爱在家中悬挂"恭喜发财"的年画或书写吉祥语,以祈求吉祥如意。

春节是中华民族盛大的传统节日,指农历正月初一,俗称阴历年,又叫过年。

每年的春节前后,中国大地上会上演人类最大规模的迁徙,回家过年成为十几亿中国人共同热议的话题。吃团圆饭、给压岁钱、拜新年、贴春联、放鞭炮、耍龙灯……这些活动通常都伴随着一声声的"恭喜发财"。

过年时道一声"恭喜发财"的传统,源自中国深厚的历史文化和人们对美好生活的向往。这一祝福语不仅体现了人们对财富和好运的追求,更在过年期间承载着家人、亲友间的深情厚意和美好祝愿。在新的一年里,人们可以用这句祝福语传递正能量和美好愿景,共同迎接更加幸福、富裕的未来。

图 95　恭喜发财
过年了、互相道一声"恭喜发财"。

96. 给"压岁钱"的习俗如何得来？

压岁钱，通常包裹在红包之中，是每年春节时长辈赠予晚辈的礼钱。红色代表着好运、活力与欢乐，"岁"与"祟"谐音，压岁钱的寓意即为压制邪祟。压岁钱承载了长辈们的深切期望，希望晚辈们接受这份礼物后能平安度过一年。

最早的压岁钱也被称作"厌胜钱"或"压胜钱"，这种钱并非市面上流通的货币，而是专为佩戴和观赏而铸造的避邪品，其历史可追溯至汉代。这些钱币正面铸有吉祥文字，背面则铸有各种图案。吉祥文字包括"千秋万岁""天下太平""去殃除凶"等；图案则有龙、凤、龟、蛇、双鱼、星斗、花草等。唐代宫廷中有春日散钱的传统，宋元以后，这一风俗逐渐演变为给小孩压岁钱的习俗。至明清时期，压岁钱多以红绳串钱的形式赠予孩子。民国以后，即使是成年的晚辈也能收到压岁钱，红包内是一枚大洋，象征着"财源茂盛"和"一本万利"。随着货币形式的演变，如今，长辈们喜欢选用号码相连的新钞票赠予孩子们，因为"连"与"钱"谐音，寄托了对后代"连连发财"和"连连高升"的美好祝愿。

图 96-1　厌胜钱
"招财进宝"

图 96-2　厌胜钱
"黄金万两"

图 96-3　厌胜钱
"福禄寿喜"

图 96-4　压岁钱

　　关于压岁钱，有一个广为流传的故事。相传，古时候有一种名叫"祟"的小妖，它身黑手白，每年年三十夜里都会出来害人。它会用手在熟睡的孩子头上摸三下，孩子被吓醒后会发烧、说胡话，从此患病。尽管几天后热退病去，但原本聪明的孩子却可能变得痴呆疯癫。人们为了防范祟的侵害，会在年三十夜晚点亮灯火，全家团坐不眠，这被称为"守祟"。有一户人家，夫妻俩老年得子，视若珍宝。到了年三十夜晚，他们担心祟会伤害孩子，便将八枚铜钱放在孩子的枕边。半夜里，祟果然出现了。就在它伸手摸向孩子头部的瞬间，枕边迸发出闪光，祟惊恐地缩回手，尖叫着逃走了。民间传说这八枚铜钱是八仙变的，它们在暗中帮助孩子吓退了祟。因此，人们将这钱称为"压祟钱"。由于"祟"与"岁"谐音，随着时间的推移，它便被称为"压岁钱"了。

97. 中国人为啥崇尚"招财进宝"？

中国人崇尚"招财进宝"，因为这一理念象征着财富与繁荣，寄托了人们对美好生活的向往。在寓意层面，"招财进宝"代表着源源不断的财富与无尽的吉祥。古时，这一观念多用于社会交往之中，而今则更多地指代通过各种方式吸引财气，以实现财富的积累与生活的富足。

梁实秋在《北平年景》中说："新正是一年复始，不准说丧气话，见面要道一声'新禧'。房梁上有'对我生财'的横披，柱子上有'一入新春万事如意'的直条，天棚上有'紫气东来'的斗方，大门上有'国恩家庆人寿年丰'的对联。墙上本来不大干净的，还可以贴上几张年画，什么'招财进宝''肥猪拱门'，都可以收补壁之效。自己心中想要获得的，写出来画出来贴在墙上，俯仰之间仿佛如意算盘业已实现了。"

招财进宝这一概念，涵盖了诸多带来财富或好运的行为与物品。它可以是一个简单的动作，比如拍手欢笑，也可以是一项较大的行动，如驾车购物；它可以是一张小巧的吉祥卡片，也可以是一件精心制作的工艺品或雕塑。不论形式如何，这些招财进宝的行为与物品都蕴含着人们对财富与好运的深切期盼。

图 97-1　日进斗金，牛马平安
清·山东潍坊杨家埠木版年画。

图 97-2　黄金万两，满载而归
清·河南朱仙镇木版年画。

98. 貔貅为何会被视为招财进宝的神物？

貔貅是一种传说中的猛兽，由古人对自然界中豹、虎、狮、鹿、羊、鸟等动物进行多元融合创造而成，具备辟邪、旺财等功能。

在古人的心目中，貔貅大约就是豹子一类的动物。《说文·豸部》说："貔，豹属。"《诗经·大雅》说："献其貔皮，赤豹黄黑。"貔貅有独角和双角之别，独角者被称为天禄或天鹿，双角者则称辟邪。随着历史的演化，以独角貔貅最为常见，通常统称貔貅。

民间传说，貔貅能腾云驾雾，掌控雷霆，且拥有辟邪挡煞、镇宅护院的神奇能力。它以金银珠宝为主食，浑身充满宝气，因此深得玉皇大帝的喜爱。然而，由于贪吃，它曾有一次因随地排泄而惹恼大帝。大帝一气之下罚它吞万物而不泻。从此，貔貅所吃的金银珠宝只能"进"不能"出"。

这样一来，貔貅以四面八方之财为食，只进不出，招财聚财，号称"旺财神兽"。这个说法在民间传开后，貔貅就被视为能纳八方之财的灵物，同时还能催生官运。

人们相信"貔貅善纳四方之财""摸

图 98-1　貔貅
南朝·玉雕。貔貅身形健硕、两侧生翅、昂首挺胸、张口露齿、宽眉后扬、头顶有角。

图 98-2　貔貅
魏晋·玉雕。

摸貔貅头，一世不用愁""貔貅进屋，金玉满屋""一摸貔貅运程旺盛，再摸貔貅财源滚滚，三摸貔貅平步青云"。因此，在古玩店里、工艺品市场上，貔貅造型的商品层出不穷，一派购销两旺之势。

如今，貔貅与龙、麒麟一样，是备受人们崇敬的吉祥灵物。人们以各种方式表达对貔貅的喜爱，有的将玉雕貔貅供奉在厅堂或店铺中，有的则将石雕或铜雕的貔貅放置在店铺门口两侧，祈求财源广进。

图 98-3　貔貅玉雕摆件

图 99-1 北京国子监
古槐树

99. "招财进宝门前槐"是什么意思?

"门前一棵槐,不是招宝,就是进财。"这句
俗语流传于我国农村,揭示了槐树在人们心中吉祥、
招福的象征意义。槐树,又被称为"国槐""豆槐""家
槐"等,其枝叶繁茂,木质坚硬,树龄可长达千年
甚至更久,因此被誉为"长寿树"。

槐树在北方地区最为常见,遍布城乡各地。
自周代起,槐树就被种植于宫廷之中,有"宫槐"
之称。故宫内,国槐的身影更是随处可见。据《周
礼》记载,周代宫廷外种有三棵槐树,三公朝见

图 99-2　龙槐

山东东阿县东阿广场千年龙槐。

天子时，都站在槐树下面。"三公"指太师、太傅和太保，是周代三种最高官职的合称，后人因此用"三槐"比喻"三公"。清代陈淏子《花镜》云："人多庭前植之，一取其荫，一取三槐吉兆，期许子孙三公之意。"受此影响，后来许多士绅人家也在门前栽植三棵槐树，以祈愿子孙位列三公。

古人深信槐树具有灵性，能够带来福气。尤其对于读书人而言，槐树更是被视为科第吉兆的象征。自唐代起，槐树便与科考紧密相连，考试的年头被称为"槐秋"，举子赴考被称为"踏槐"，考试的月份被称为"槐黄"。读书人渴望在槐树的庇佑下，能够顺利登上"槐位"，实现自己的理想。

不仅如此，槐树在我国吉祥文化中还有着丰富的寓意。"门前一棵槐，财源滚滚来"这句俗语，便表达了人们祈望生财致富的美好愿望。"门前有槐，升官发财"则更是寄托了人们对后代成才、飞黄腾达的深切期盼。

"招财进宝门前槐"这一说法，既体现了槐树在我国传统文化中的重要地位，也展现了人们对美好生活的向往和追求。

100. 中国人为什么如此喜欢金鱼？

金鱼种类繁多，颜色艳丽，金光闪闪，颇具喜庆吉祥气氛。因金鱼与"金玉"谐音，鱼游于塘，塘与"堂"同音，遂有以塘中金鱼象征"金玉满堂"的吉祥图案。"金玉满堂"常出现在民间年画、剪纸中，象征着家中堆金积玉、财货丰富。又因鱼与"余"谐音，"金玉满堂"表现的主题就是财富满满，用以比喻财富极多。

金鱼是中国的"国鱼"，有"东方圣鱼"之美誉。我国的金鱼养殖和观赏历史非常悠久，最早始于南宋时期的杭州和嘉兴一带，所以杭州和嘉兴素有"金鱼故乡"的美称。

图 100-1　金玉满堂吉祥图

图 100-2 金玉满堂刺绣
辽宁省岫岩满族刺绣枕顶。
图案象征儿女满堂，寓意家
庭美满幸福。

　　最早的金鱼因体态奇特优美，颜色艳丽似锦，雍容华贵，而被
称为"贵族鱼"，深受王公大臣甚至帝王的喜爱。南宋皇帝赵构就是
一位"金鱼迷"。为了欣赏金鱼，他在临安的德寿宫内专门建造了金
鱼池，广收各地的金鱼赏玩。到了明代，宫中修有大量养金鱼的大鱼
缸，如明代吕毖在《明宫史》中写道："凡内臣多好花木，于院宇之
中，摆设多盆。并养金鱼于缸，罗列小盆细草，以示侈富。"后来，
随着时间的推移，昔日被紧锁在宫苑豪门的金鱼，逐渐走入普通百姓
的生活。

　　金鱼常常是成双成对地游动，双鱼则代表着夫妻和睦、忠贞不
渝。在我国传统文化中，"金"比喻女孩，"玉"比喻男孩，"金鱼
满堂"即"金玉满堂"，又象征子孙满堂、人丁兴旺。过年时，人们
喜欢在窗户上贴上金鱼形象的窗花，墙上挂一幅胖娃娃怀抱一条大金
鱼的年画，几案上养一缸锦鳞闪闪的金鱼，这是一缸寓意着吉祥与财
富的"元宝红"。

　　金鱼，美丽的精灵，给人们带来无限的憧憬与遐想；金鱼，翩翩
游动，给家庭带来勃勃生机和满堂的吉祥。

　　　　　　　　　　　　　　　　　　　　右／图 100-3　金鱼

参考文献

1.刘锡诚，王文宝.中国象征辞典[M].天津：天津教育出版社，1991.

2.刘锡诚.吉祥中国[M].上海：上海文艺出版社，2012.

3.叶明鉴.中国护身符[M].广州：花城出版社，1993.

4.钟福民.中国吉祥图案的象征研究[M].北京：中国社会科学出版社，2009.

5.乔继堂.中国吉祥物[M].天津：天津人民出版社，2010.

6.袁源.如意绘：中国传统吉祥图案[M].杭州：浙江古籍出版社，2016.

7.松南，祉瑞.中国吉祥用物大全[M].广州：暨南大学出版社，1992.

8.陈晓晖.中华传统吉祥图[M].北京：气象出版社，2013.

9.矫友田.图说老吉祥[M].济南：济南出版社，2015.

10.郑一民，武晔卿.春节[M].石家庄：河北教育出版社，2006.

11.王朝忠.汉字源流字典[M].成都：四川辞书出版社，2021.

12.郑军、徐丽慧.吉祥中国大图典[M].上海：上海辞书出版社，2015.

13.张道一、郭廉夫.古代建筑雕刻纹饰[M].南京：江苏美术出版社，2007.

14.耿默，段改芳.民间荷包[M].北京：中国轻工业出版社，2008.

15.蓝先琳.民间年画[M].北京：中国轻工业出版社，2005.

16.李友友.民间刺绣[M].北京：中国轻工业出版社，2005.

17.古方.中国古代玉器艺术[M].北京：文物出版社，2013.

18.唐家路.福禄寿喜图辑[M].济南：山东美术出版社，2004.

19.天津博物馆.安和常乐：吉祥文物陈列[M].北京：文物出版社，2013.

20.高春明.吉祥寓意[M].上海：上海锦绣文章出版社，2009.

21.山东博物馆.山东博物馆藏近代淄博窑民间陶瓷[M].北京：文物出版社，2021.

22.李友友.民间玩具[M].北京：中国轻工业出版社，2006.